형제 사랑은
곧 하나님 사랑

형제 사랑은
곧 하나님 사랑

© 김상진, 2023

개정판 1쇄 발행 2023년 10월 23일

지은이   김상진
펴낸이   이기봉
편집   좋은땅 편집팀
펴낸곳   도서출판 좋은땅
주소   서울특별시 마포구 양화로12길 26 지월드빌딩 (서교동 395-7)
전화   02)374-8616~7
팩스   02)374-8614
이메일   gworldbook@naver.com
홈페이지   www.g-world.co.kr

ISBN   979-11-388-2406-4 (03230)

성경에서 말씀해 주고 있는 그리스도인의 참된 삶

김상진 지음

형제 사랑은
곧 하나님 사랑

보이지 않는 하나님을 어떻게 사랑할까요?
진실로 누가 우리의 이웃일까요?

좋은땅

글을 열며

오늘날 많은 공동체교회들이 현실에 있어서 실제로 성경에서 말씀해 주고 있는 그리스도인의 참된 삶으로부터 점점 멀어져만 가고 예수 그리스도의 사랑의 참된 의미로부터 멀어져 있음을 발견하게 됩니다. 그래서 마음 아파하시는 주님의 심정으로 이 글을 쓰게 되었습니다.

실로 우리는 하나님께서 거저 주신 선물 곧 믿음으로 말미암아 우리 주 예수 그리스도를 영접함으로써 우리가 그리스도의 피로 거듭나 머리이신 주님과의 한 몸이 된 것입니다. 그럼에도 불구하고 그러한 하나님의 가족이요, 그리스도의 몸이요, 우리 많은 사람이 그리스도의 지체로서 부모요, 형제요, 자매요, 하나님의 한 가족으로서 행하지 않고 있는 것입니다. 그것은 우리 서로가 남북의 분단으로 인하여 너무 오랜 세월 동안 떨어져서 살아, 진짜 혈육을 만나도 인식서류가 없이는 잘 몰라보는 것처럼 서로를 몰라도 너무나도 모르는 사람으로 우리 서로가 자기의 거룩한 혈육을 지척에 두고도 상봉하지 못한 채 남남처럼 살고 있는 것입니다.

그리고 또한 예수 그리스도를 영접했다고 하는 사람들이 예수님을 믿은 믿음대로 행동하지 아니하고 옛 생활에 계속 매여 살고 있는 것을 보게 됩니다. 그것은 **"예수 그리스도의 사람들은 육체와 함께 정욕과 욕심을 십자가에 못 박았습니다."**(갈5:24; 현대인의 성경)라는 말씀을 비웃기라도 하듯이 육체적 욕망의 사신으로서 죄에 매인 옛 사람이 십자가에 못 박혀 죽지 않은 사람들로 하나님의 경계의 목적을 잊은 채(딤전1:5) 많은 사람들이 이에서 벗어나 자기들이 말하는 것이나 주장하는 것들도 깨닫지 못하고 있으면서도(딤전1:6,7) 저마다 자기가 좋을 대로 살고 있는 것입니다.

그러므로 오늘날 교회가 변화되기를 많은 형제들이 그리스도의 지체들로서 자신의 몸 같음을 앎으로 변화되어야만 하는 것입니다.

그런 다음에 애굽의 총리대신이 된 요셉이 행하던 것처럼 교회 안에 별도의 특별 부서를 만들어 기금으로 들어오는 협력기금을 가지고 믿음으로 형제가 된 가난하고 고난받는 우리의 형제들을 위하여 교회가 나서서 그리스도 안에 있는 고난에 처한 우리 형제들의 문제를 해결하며 도와야 한다는 것과 그와 같이 주님의 선한 일을 형제들에게 실천함으로 그리스도와의 한 몸이요, 그분의 지체들로서 진실로 서로 사랑해야 한다는 것과 서로 돕고 서로 아끼면서 마음이 하나 되어 다 함께 상부상조하며 다 같이 공생하며 선한 일을 실천하는 성숙한 형제들로 자라도록 해야 한다는 것입니다.

그럼에도 불구하고 이 역사적인 숙명의 말씀 앞에서 하나님을 비웃기라도 하듯이 그리스도의 형제라는 사람들이 "내가 너희를 사랑한 것처럼 너희도 서로 사랑하여라. 이것이 내 계명이다."(요15:12) 제자들에게 명하신 그리스도의 계명을 거역하며 서로 사랑하지 못하고, 아끼지 못하며, 믿지 못하고, 열매 맺지 못하고 있는 것입니다.

그러므로 어린아이의 때를 벗어나지 못하여 그리스도에 대한 초보적인 교훈에서 떠나지 못하고 있으며 죽음의 이르게 하는 일과 하나님을 믿는 신앙과 세례와 안수와 죽은 자의 부활과 영원한 심판에 관한 교훈의 기초를 다시 닦지 않아도 성숙한 데로 나갈 수 있는 사람들이(히6:1,2) 다시 닦아야 할 형편에 처해 있다는 데에 있는 것입니다.

그러므로 이 모든 것을 타파하기 위하여 그 내용을 열린 노트 한글판 개역성경전서, 공동번역성서, 현대인의 성경, 한글 킹 제임스 성경, 표준 관주해설 찬송가, 옥스퍼드원어성경대전, 스탠다드 주제별 성경사전, 트리니티 말씀대전, CLP 성경사전, 새 국어사전, Google 인터넷 국어사전, Google 인터넷 등을 참조하여 이 책 속에 기록하게 되었습니다.

엮은이에게 주신 말씀을 완전히 나타내기에는 많이 부족하지만 최대한 주님의 말씀을 여러분들이 알기 쉽고, 깨달기 쉽도록 성령님께서 생각나게 하심을 따라 경의 말씀하심과 같이 "하나님의 영광과 그의 능력만을 드러내려고 하였으며 형제의 믿음이 인간의 지혜의 바탕을 두지 않고 하나님의 능력에 바탕을 두게 하려고"(고전2:4,5) 대부분 토를 달지 아니하고 최대한 경의 말씀만으로 나타내려고 힘을 다했습니다.

이 책의 도움을 주신 모든 분들에게 감사를 드리며, 이 글을 읽어 주는 형제들과 주님의 공동체교회와 우리 많은 사람들이 그리스도와의 한 몸으로서 마음과 생각이 새롭게 변화되어 그리스도 안에서 하나가 되므로 예수 그리스도로 말미암아 재창조된 진정한 새사람으로 여러분 모두가 다 세움을 받았으면 하는 마음 간절합니다.

또 그렇게 되기를 바라며 형제들 모두에게 하나님의 사랑과 예수 그리스도의 은혜와 성령님의 친밀한 사귐이 그리스도 안에 있는 형제들과 지구촌 우리 그리스도의 가족 모두에게 함께하시기를 우리 주 나사렛 예수 그리스도의 이름으로 기도합니다.

복음의 소리 김상진 드림

목차

내 모친과 내 형제들을 보라

예수께서 군중에게 말씀하고 계실 때에 예수님의 어머니와 형제들이 예수님께 드릴 말씀이 있다고 찾아 왔다. 그래서 어떤 사람이 예수님께 "선생님, 어머니와 형제분들이 선생님을 만나 뵈려고 밖에서 기다립니다." 하였다. 그러나 예수님은 그에게 "내 어머니와 형제가 누구냐?" 하시고 제자들을 가리키며 "보아라, 이들이 내 어머니와 형제들이다. 누구든지 하늘에 계신 내 아버지의 뜻을 따라 사는 사람이 바로 내 형제와 자매이며 어머니이다." 하고 말씀하셨다.(마12:46-50; 현대인의 성경)

성경은 예수님의 가족들에 대하여 기록하기를 이렇게 기록하고 있습니다. "이는 요셉의 아들 예수가 아니냐?"(요6:42) 그리고 "이 사람은 목수의 아들이 아니냐? 그의 어머니는 마리아이고, 야고보와 요셉과 시몬과 유다는 그의 동생들이다. 그리고 그의 누이동생들도 모두 우리와 함께 있지 않느냐?"(마13:55,56; 현대인의 성경)라고 말입니다. 그런데요, 위의 주님의 친형제인 가족들은 주님을 믿지 않았습니다.

현대인의 성경입니다. "예수님의 동생들이 예수님께 이렇게 말하였다. '여기를 떠나 유대로 가십시오. 그래서 형님이 하시는 일을 제자들도 보게 하십시오. 세상에 알려지기를 바라는 사람치고 자기가 하는 일을 숨기는 사람은 없습니다. 이왕 이런 일을 하실 바에는 형님 자신을 세상에 나타내십시오.' 그들이 이렇게 말한 것은, **예수님의**

친형제인 그들도 예수님을 믿지 않았기 때문이다."(요7:3-5)라는 말씀
과 같이 예수님의 친형제인 그들도 예수님을 그 당시에는 믿지 않았
던 것입니다. 이러하니 예수님을 아는 예수님의 고향 사람들인 갈릴
리 나사렛 사람들은 어떠하였겠습니까?

"그들이 믿지 않음으로 거기서는 기적을 많이 베풀지 않으셨다."(마
13:58) 말씀과 같이 예수님의 고향 사람들인 그들도 역시 예수님을 믿
지 않고 "예수님을 배척하였다."(마13:57) 예수님을 배척하기까지 하
였던 것입니다. 그래서 예수님은 그들에게 "예언자는 자기 고향과 집
에서만 존경을 받지 못한다."라고 말씀하셨습니다. 그와 같이 예수님
을 믿지 못하는 사람들은 세상 말에 귀를 기울이는 것입니다. 그러므
로 예수님의 친형제인 그들은 예수님이 미쳤다는 소문에 귀를 기울
이게 된 것(막3:21; 현대인의 성경; 한편 예수님의 가족은 그분이 미쳤다는 소문
을 듣고 붙잡으러 찾아 나섰다는 말씀과 같이 말입니다)입니다. 그래서 그들은
예수님이 미쳤다는 소문을 듣고 예수님을 붙잡아 집으로 데려가려고
예수님을 찾아 나서게 된 것입니다. 그 소문은 다름이 아닌 예루살렘
에서 내려온 율법학자들의 말과 같이 예수님에게 "사탄이 붙었다."(요
8:48; 우리가 너를 사마리아 사람이라. 또는 귀신이 들렸다. 하는 말이 옳지 아니하
냐? 요8:52; 유대인들이 가로되 지금 네가 귀신들린 줄을 아노라. 함과 같이) 하는
것이며 "그가 귀신의 왕을 힘입어 귀신을 쫓아낸다." 하는 것(막3:22)
이었습니다. 이러한 죄는 **성령님을 모독하는 죄**인 것입니다. 이러한
죄는 하나님의 용서를 받지 못하고 영원히 남는 죄(막3:29; 현대인의 성

경; 성령님을 모독하는 자는 절대로 용서받지 못하고 그 죄는 영원히 남는다)입니다.

이때 예수님의 어머니와 예수님의 친형제들이 어느 집에 들어가셔서 하나님의 일하고 계시는 주님을(막3:20) 찾고서는 밖에 서서 사람을 보내어 예수님을 불렀습니다. 그러자 둘러앉은 사람들이 예수님께 "선생님, 어머니와 형제분들이 밖에서 선생님을 찾고 있습니다."(막3:31,32) 하고 말하였습니다. 위와 같이 행동하는 가족들의 생각을 다 알고 계시는 주님(계2:23; 모든 교회가 나는 사람의 깊은 생각까지 살핀다는 것을, 알게 될 것이다)께서는 예수님을 예수님의 가족들이 찾는다고 말하는 그에게 "내 어머니와 형제들이 누구냐?" 하시고 둘러앉은 사람을 보시며 "보아라, 이들이 내 어머니며 형제들이다."라고 말씀하셨습니다. 이렇게 말씀하심을 또 한, 주님을 믿지 않는 사람들은 "그에게 더러운 귀신이 붙었다."라고 말하는 사람들과 같이 **미친 소리로만 들리는 것**입니다. 친어머니가 아니며 친형제가 아닌 사람들에게 그들을 가리키며 "보아라, 이들이 내 어머니며 형제들이다." 말씀하신 주님을 어느 누가 정상적인 사람으로 보겠습니까?

그래서 성령님이 제자들에게 처음으로 강림하신 오순절 날에도 주님을 알지 못하는 사람들은 성령 충만한 주님의 제자들을 보고 "그러나 어떤 사람들은 '잔뜩 술에 취했군!' 하며 제자들을 조롱하였다."(행2:13)라고 기록되어 있지 않습니까?

위와 같이 예수님의 친형제들이 예수님을 믿지 않음으로(요7:5) 그와 같이 예수님이 미쳤다는 소문을 듣고 예수님을 붙잡아 데려가려고 찾아 나섰던 것(막3:21)입니다. 훗날에는 그들도 예수님을 확실하게 믿었지만(고전9:5; 다른 사도들과 "주의 형제"들과〈야고보서의 야고보, 유다서의 유다 등〉 게바와 같이 자매 된 아내를 데리고 다닐 권이 없겠느냐?) 말입니다. 이유야 어찌 되든지, 주님은 자기를 믿고 따르는 사람들을 향하여 "내 모친과 내 동생들을 보라. 누구든지 하나님의 뜻을 따라 사는 사람이 **내 형제요 자매요 모친이니라.**" 말씀하셨습니다. 그렇다면 하나님의 뜻을 따라 사는 사람들은 어떤 사람들일까요?

그것은 위에 사람들처럼 주님을 믿고 주님을 따르는 사람인 것입니다. 그것은 왜냐하면? 예수님께서는 자기를 믿고 따르는 사람들을 둘러보시며 십자가에서 어머니에게 말씀하심과 같이 "그가 어머니의 아들입니다." 말씀하시고 사랑하는 제자 요한에게 "보라, 네 어머니시다." 주님을 따르는 사람들에게도 "보아라, 내 어머니와 내 형제들이다. 누구든지 하나님 뜻대로 행하는 자는 내 형제요, 자매요, 어머니이다."라고 말씀하셨기 때문입니다. 그렇습니다. "내 **아버지의 뜻은 아들을 보고 믿는 자마다 영생을 얻는 이것**이니 마지막 날에 내가 이를 살리리라."(요6:40) 말씀하심과 같이 하나님의 뜻은 하나님의 보내신 자 곧 하나님의 아들을 보고 믿는 사람들로서 교회 안에 여러분의 옆에 앉은 믿음의 형제들이 곧 "주님의 형제요 자매요 모친"이

며 하나님의 뜻을 행하는 사람들인 것입니다. 그러나 "바리새파 사람들과 율법학자들은 요한의 세례를 받지 않음으로 하나님의 옳으심

을 인정하지 않음으로써 스스로 하나님의 뜻을 져버렸다."(눅7:29-30; 현대인의 성경)라고 하신 말씀과 같이 우리 주 예수 그리스도를 믿지 않는 사람들은 주님을 믿지 않음으로써 의로우신 하나님의 뜻을 자기 스스로 져버리는 사람이 되는 것입니다. 그러나 **하나님의 지혜가 옳다는 것은?** 지혜를 받아들인 모든 사람에게서 드러나는 법(눅7:35; 공동번역)입니다. 그러므로 하나님의 뜻을 따라 사는 사람은 주님을 영접한 사람으로서 예수님을 따라 사는 사람인 것입니다. 그와 같이 주님을 믿고 주님을 따라 사는 사람들을 보고 예수님께서는 "내 형제요 자매요 모친이니라." 말씀하셨던 것입니다. 그렇습니다. 위와 같이 예수님을 진실로 믿는 사람들이 영적으로 "주님의 형제요 자매요 모친인 것입니다." 이처럼 주님을 믿는 사람들은 하나님을 아바, 아버지!라고 부르는 그분의 자녀들로서(엡2:19; 새 번역; 이제부터 너희가 외국 사람이나 나그네가 아니요 오직 성도들과 함께 시민이며 하나님의 가족입니다.라는 말씀과 같이) 진실로 우리의 아버지이신 하나님의 한 가족이 된 것입니다. 가족은 생사고락을 진실로 함께 겪으며 사는 사람인 것입니다. 그런데요, 우리는 위와 같이 생사고락을 진실로 함께 겪으며 사는 가족으로 살고 있지 않습니다. 그것은 우리는 지금 그리스도의 형제를 진실로 자신의 가족처럼도 그리고 혈육의 친척들과 같이도 대하지 않고 있기 때문입니다. 여러분 한번 생각해 보십시오. 그리고 여러분의 혈육의 가족들을 한번 떠올려 보십시오. 어떤 사람이 혈육의 가족이라고 하면 어떻습니까?

여러분들이 생전 처음 만난 친척들은, 아무리 먼 친척이라고 해도 그가 여러분과 같은 친척이라고 하면, 그가 여러분의 친척이라는 그 이유만으로도 혈육의 끈끈함이 묻어나서 왠지 서로 친척으로서 친근한 사이처럼 대하지 않습니까?

그런데요, 지금 우리는 어떻습니까?

거룩한 하나님의 한 가족이라고 하면서도 처음 만난 그리스도의 형제인 그가 하늘로부터 육체로 임하신 우리 주 예수님을 믿는 "그리스도의 형제"라는 데도 어디 혈육과 같은 그런 끈끈함이 묻어나서 서로 여러분의 친척과 같이 그런 친척과 같은 그리스도의 형제로서 친근한 사이처럼 대하게 되든가요?

그러므로 우리는 잘 생각해야 합니다. 예수 그리스도를 믿는 믿음은? 그리스도로 말미암은 그리스도의 지체로서 그리고 그의 몸 안에 구성원으로서 그분의 몸이요 한 가족이 된 것입니다. 이러한데요, 우리가 다 같이 그리스도의 지체로서 온몸이 그리스도께 속해 있으며 그분의 몸에 갖추어 있는 각 마디를 통하여 연결되고 결합하여 있습니다. 그러므로 각 지체가 자신이 맡은 분량대로 활동함으로써 몸이 자라나며 사랑 안에서 그리스도의 몸을 세우게 되는 것(엡4:16; 공동, 새번역, 현대)입니다. 그리스도를 믿는 사람들은 거룩한 주님의 몸으로서 위와 같이 행동을 해야 하는데도 그리스도의 지체로서 각 마디를 통하여 연결되지 않고 서로 결합하지 못함으로서 사랑으로 뭉치지 못하고 있는 사람들을 우리는 보게 됩니다. 위 말씀을 조명하여 비추어

보면, 혈육의 끈끈함은? 서로 자신의 몸과 같은 그리스도의 지체로서 그리스도의 형제 안에 끼지도 못하는데도 말입니다. 그러므로 우리는 잘 알아야만 하는 것입니다. 그리스도를 믿는 사람들은 교회의 머리이신 거룩한 그리스도 몸의 지체로서 서로 **자신의 몸과 같은 형제라는 것**을 말입니다.

그러므로 우리는 서로가 다 같은 그리스도의 지체들로서 믿음의 형제를 사랑하되 자신의 몸과 같이 사랑해야만 하는 것입니다. 그러한 행동들이 (마25:40; 내 형제 중에 지극히 작은 자 하나에게 한 것이 곧 내게 한 것이니라. 말씀하신) 우리 주님이신 그리스도 예수님께 하는 것이요 그리스도를 믿고 그분을 따르는 주님의 가족으로서 하는 일이 되는 것입니다. 예수님 당시에도 주님을 믿고 주님을 따르는 사람들이 주의 가족으로 주님과 함께 살았습니다.

위와 같이 예수님이 세상에 계실 때에는 주님을 믿는 사람들이 사람의 몸으로 이 땅에 오신 주님을 따라다니며 주님과 함께 그분의 가족으로 예수님의 지시를 따라 살았습니다. 그러나 오늘날 우리는 주님께서 보내신 성령님을 따라(요16:7; 내가 떠나가지 않으면, 보혜사가 너희에게로 오시지 아니할 것이요 그러나 내가 가면 그를 너희에게로 보내리니, 말씀과 같이 주님께서 보내신 성령님) 성령님과 함께 그리스도의 가족으로 살고 있습니다. 그러므로 여기서 여러분에게 질문을 하나 하겠습니다. 여러분은 우리 주 예수 그리스도를 진실로 마음에 영접하셨나요?

이 질문이 어린아이와 같은 질문 같아 보여도 여러분에게는 아주 중요한 질문이 되는 것입니다. 그것은 왜냐하면 여러분이 예수 그리스도를 믿을 때, 하나님께서는 자기 아들을 믿는 사람들에게 하나님의 성령을 부어 주시기 때문입니다.

그러므로 예수 그리스도를 믿음으로 성령을 받은 사람에 대한 그 예를 하나 여러분에게 들려 드리겠습니다. 그것은 가이사랴에 고넬료라 하는 이탈리아 부대 백부장이 그 예입니다. 그는 이방인으로서 경건하여 온 가족과 함께 하나님을 두려운 마음으로 섬기고 가난한 유대인을 많이 구제하며 항상 하나님께 기도하는 사람이었습니다. 어느 날 오후 3시쯤 되어 그는 환상 가운데 하나님의 천사가 나타난 것을 똑똑히 보았습니다. 천사는 고넬료를 부르며 욥바에 있는 시몬 베드로를 청하라고 주의 말씀을 전합니다. 고넬료는 시몬 베드로를 청하여 하나님의 말씀을 들으라는 천사의 지시를 받고 종 2명과 부하 1명을 불러 욥바에 있는 시몬 베드로에게 가서 청함으로써, 할례자인 베드로가 할례받지 못한 자이며 이방인인 고넬료의 집에 들어가서 하나님의 말씀을 다음과 같이 선포할 때였습니다. "하나님이 산자와 죽은 자의 재판장으로 세우신 분이 바로 자기라는 것을 증거하라고 하셨습니다. 예수님을 믿는 사람은 누구나 그분의 이름으로 죄 사함을 받는다고 모든 예언자들도 증거했습니다." 이렇게 베드로가 말씀을 선포하고 있을 때, **말씀을 듣는 모든 사람에게 성령**이 내리셨습니다. 그래서 베드로와 함께 고넬료의 집에 들어온 유대인 신자들은 이방인들에게도 성령을 선물로 부어 주시는 것을 보고 놀라지 않을 수 없었습니다. (10:42-45; 개역, 현대인의 성경) 그러므로 사도 베드로는 말합니다. "그런즉 하나님이 **'우리가 주 예수 그리스도를 믿을 때에 주신 것과 같은 선물'**을 저희에게도 주셨으니 내가 누구관데 하나님을 능히 막겠느냐?"(행11:17) 말하는 것이었습니다. 위와 같이 우리가 주 예수 그리스도를 믿을 때에 하나님께서는 하나님의 성령을 선물로 주시는 것입니다. 이와 같이하여 성령님께서 우리 안에 내주하시게 되는 것입니다.

그러므로 위와 같이 어떤 사람일지라도 우리 주 예수 그리스도를 믿는 자 안에 성령 하나님께서 내주하심으로 말미암아 그분에게 순종함으로 "그때부터는 이전 생활의 틀이 달라지기 시작하는 것"입니다. 그것을 사도 베드로를 통해 주님께서는 이렇게 말씀하셨습니다.

"여러분도 전에는 이방인들이 즐기던 방탕과 정욕과 술 취함과 진탕 마시고 흥청망청 떠드는 것과 우상 숭배에 빠져 살았지만 다 지나간 때로 충분합니다. 그래서 그들은 지나친 방탕한 일에 여러분이 함께 어울리지 않는 것을 이상히 여겨 비난하고 있습니다."(벧전4:2-3; 현대인의 성경) 그렇습니다. 술친구들은 같이 어울리고, 같이 흥청망청 떠들고, 같이 잔뜩 술에 취해 노는 것을 좋아합니다. 그러나 성령을 선물로 받은 사람들은 점점 그러한 자리가 불편해지기 시작하는 것입니다. 그것은 자신 마음 안에 내주하신 성령님께서는 위와 같이 육체가 추구하는 쾌락과 즐거움을 위해 지나치게 술 취해 흥청망청 떠들며 노는 것을 싫어하시기 때문입니다. 그러므로 위와 같은 술자리가 자신의 마음을 불편하게 한다면(빌2:13; 현대인의 성경; 하나님은 자기의 선한 목적에 따라 여러분이 자발적으로 행동하도록 여러분 안에서 일하십니다는 말씀과 같이) 그 사람은 자신의 마음 안에 계신 성령님이 여러분이 스스로 불편하다는 생각이 들도록 여러분의 마음을 지도하시고 계신 것입니다. 그러므로 위와 같이 여러분들이 자기 자신의 쾌락과 즐거움을 위하여 흥청망청 떠드는 술자리가 점점 불편하여 멀리하게 되는 것이라면? 그것은 바로 여러분 안에서 일하시는 **성령님을 따라 자신이 살고 있다는 것**을, 로마서에 기록된 바와 같이 "너희는 이 세대를 본받지 말고 오직 마음을 새롭게 함으로 변화를 받아 하나님의 선하시고 기뻐하시고 온전하신 뜻이 무엇인지 분별하도록 하라."(롬12:2) 자기 자신의 변화된 생활이 그것을 입증하는 것입니다. 그래서 술도, 담배도, 그 어떤 것도 성령을 받기 이전에, 자기 육신이 좋아하던 것을 위하여 살던 것들이(살전5:22; 새 번역; 갖가지 모양의 악을 멀리하십시오. 말씀과 같이) 자신과 점점 멀어지게 되는 것입니다. 그러므로 위와 같이 "육신의 정욕과 안목의 정욕과 온갖 이생의 자랑들을 차단하는 생활을 하는 사람"이, 바로 **육신으로 고난을 받는 사람인 것이요 죄와 인연을 끊은 사람**이라고 사도 베드로를 통해서 주님은 가르치고 계신 것(벧전4:1)입니다. 그래서 주님께서는 사도 베드로를 통해 예수 그리스도를 믿고 거듭난 사람들로서, 마음을 새롭게 함으로 변화를 받은 우리에게 말씀하시기를 "이제부터는(성령을 받은 때부터는) 육신으로 살아갈 남은 때를 인간의 욕정대로 살지 말고 하나님의 뜻대로 살아야 합니다."(벧전4:2)라고 말씀하신 것입니다. 또한 하나님께서는 사도 요한을 통해서도 "이 세상도 그 정욕도 지나가되 오직 하나님의 뜻을 행하는 이는 영원히 거하느니라."(요일2:17) 말씀하신 것입니다. 그 말씀은 성령을 받기 이전처럼, 이방인들과 같이 색욕이나 정욕이나 우상 숭배에 빠져 살지 말고, 성령을 받은 사람답게 "믿음으로 하지 않은 것은 모두 죄가 됩니다."라는 말씀처럼 "주님을 믿는 그 믿음을 따라 마음을 새롭게 함으로 변화를 받은 우리는 그리스도 예수 안에서 선한 일을 하며 살아야 합니다." 하는 뜻의 말씀을 우리에게 하신 것입니다. 이렇게 우리가 하나님의 선한 일을 하며 삶을 사는 것이 자신 안에 내주하신 성령 하나님의 뜻을 따라 사는 사람인 것이며, 영적으로는 하나님의 한 가족으로서 "주님의 형제요 자매요 모친이 되는 것입니다." 이러한 하나님의 가족은 형제를 서로 사랑하기를 하나님께서 우리를 사랑하는 것처럼 사랑하는 것입니다. 그것은 "사랑은 여기 있으니 우리가 하나님을 사랑한 것이 아니요 오직 하나님이 우리를 사랑하사 우리를 위하여 화목제로 그 아들을 보내셨음이라."(요일4:10) 말씀하셨고 "사랑하는 자들아, 하나님이 이렇게까지 우리를 사랑하셨으니, 우리도 서로 사랑해야 합니다." 말씀하셨기 때문입니다.

위 말씀과 같이 **형제가 형제간에 목숨을 버려 사랑하는 사람**이(요일 3:16) **진리에 속한 사람**이며(요일3:19), **진리 안에서 행하는 사람**으로서 (요삼1:3) **하나님을 사랑하는 사람**인(요일4:20) 것입니다. 이와 같은 사람들이 하나님의 성품에 참여하여 그분의 거룩한 성품들을 넉넉히 갖춘 사람인 것이며(벧후1:4-8) 그와 같이 자신 안에 넉넉히 갖춘 하나님의 거룩한 성품들을 성령님을 따라 행함으로써 그리스도의 영원한 나라에 들어갈 자격을 충분히 갖춘 사람이 되는 것(벧후1:10-11)입니다. 그리하여 마침내 **최후의 승리**는 그리스도의 심판대 앞에 담대함을 가지고 서서 있게 되는 것(요일4:17)입니다. 이러한 사람들이 영적으로 그리스도의 지체 안에서 그리고 우리 주님의 한 가족으로서 "그리스도의 형제요 자매요 모친이 되는 것입니다." 이러하니 여러분 모두가 자신의 몸과 같은 눈에 보이는 그리스도의 형제 사랑하기를 우리를 위하여 목숨을 버리신 주님과 같이, 우리도 목숨을 다하고 뜻을 다하여 하나님을 사랑하듯이 눈에 보이는 형제를 서로 사랑하게 되기를 바랍니다. 그와 같이 "형제를 사랑하는 사람"이 하나님을 사랑하는 것임을(요일4:20,21) 그리고 하나님 안에 살고 하나님께서도 그 사람 안에 계신 것임을 성령님을 통해(요일3:24) 알게 되기를 바랍니다.

하나님의 자녀는
예수님의 계명을 지킵니다

"예수께서 그리스도이심을 믿는 자마다

　하나님께로서 난 자(자녀)니

　또한 내신 이(하나님)를 사랑하는 자마다

　그(하나님)에게서 난 자(자녀)를 사랑하느니라."(요일5:1)

　예, 그렇습니다.

　예수님께서 그리스도이심을 믿는 자는 누구나 하나님의 자녀인 것입니다. 그렇기 때문에 하나님의 자녀들은 하나님을 사랑하는 것은 당연한 것이며 하나님을 사랑하는 사람은 누구나 그분의 자녀들을 사랑하게 되는 것입니다. 그래서 사도 요한은 하나님의 말씀을 전하기를 "하나님을 사랑하는 것은 곧 그분의 계명을 지키는 것입니다."(요일5:3) 하는 것입니다. 그렇다면 여기서 "하나님을 사랑하는 것은 곧 그분의 계명을 지키는 것입니다."라는 말씀 중에서 "그분의 계명"은 어떤 계명을 말씀하고 있는 것일까요?

　그것은 요한일서 4장 20절과 21절의 나오는 말씀으로써 "하나님을 사랑한다고 하면서도 형제를 미워하는 사람은(사랑하지 않는 사람) 거짓말하는 사람입니다.라는 것과 눈에 보이는 형제를 사랑치 않는 자는 눈에 보이지 않는 하나님을 사랑할 수 없습니다."라는 계명을 말씀하는 것입니다.

　그렇기 때문에 사도 요한은 "예수님께서 그리스도이심을 믿는 사람들은 하나님의 자녀로서 '하나님을 사랑하는 사람은 형제도 사랑해야 한다.'는 '이 계명'을 우리는 그리스도에게서 받았습니다."(요일 4:21; 공동번역) 하는 것입니다. 그러므로 **"그분의 계명"**은 곧 **"그리스도의 계명"**을 가리키고 있음을 우리는 알 수가 있는 것입니다. 이와 같이 예수님께서 "형제 사랑"을 강조하실 만큼, 형제에 대한 사랑은 우리에게 있어 너무나도 중요하다는 사실을 깨우쳐 주고 있는 말씀인 것입니다.

1.

하나님의 일을 하지 않거나
형제를 사랑하지 않는 사람은

"하나님을 사랑한다고 하면서

형제를 미워하는 사람은 거짓말쟁이입니다.

눈에 보이는 형제를 사랑하지 못하는 사람이

보이지 않는 하나님을 사랑할 수 없습니다.

하나님을 사랑하는 사람은 형제도 사랑해야 합니다."

"의로운 일을 하지 않는 사람이나

형제를 사랑 하지 않는 사람은

하나님의 자녀가 아닙니다."(요일4:20,21; 3:10; 현대인의 성경)

우리는 여기서 형제들을 사랑함에 있어서 형제 사랑의 중요성을
잘 알아야 하는 것입니다. 그것은 왜냐하면 "의로운 일을 하지 않는

사람이나 형제를 사랑하지 않는 사람은 하나님의 자녀가 아닙니다." 하는 것입니다. 그 이유는 형제 사랑에 대하여 "여기 내 형제 중에 지극히 작은 자 하나에게 한 것이 곧 내게 한 것이니라."(마25:40)는 주님의 말씀과 같이 자신의 눈에 보이는 형제를 사랑하는 것이 곧 주님을 사랑하는 것이라고 확실하게 말씀하고 있기 때문인 것(요일4:20,21)입니다.

그렇기 때문에 여러분 안에 계시는 성령님을 따라 말씀과 같이 형제에게 행하고 있는 사람은 곧 자신이 그 일로 인하여 하나님을 사랑하고 있다는 것을 증명하고 있는 것이며 그리스도의 지체인 그를 사랑하는 것이 바로 하나님을 사랑하는 것으로서 **"형제 자신"**이 **"자신의 사랑"**을 **"그 형제를 통하여 하나님을 사랑하고 있다는 것을 나타내고 있는 것"**입니다.

이와 같이 생활 가운데서 형제에게 주님의 사랑을 나타내는 것은 우리가 그리스도 예수님을 믿는 사람들로서는 당연한 것이며 믿음생활의 올바른 자세인 것입니다. 왜냐하면 "여러분은 그리스도의 몸이며 여러분 한 사람 한 사람은 그 몸의 각 지체입니다."(고전12:27; 현대인의 성경)라고 말씀하고 있기 때문입니다.

그렇기 때문에 우리가 그리스도의 몸으로서 그리고 우리 한 사람 한 사람은 서로 어우러져 돕는 그리스도의 몸의 각 지체로서, 그 누구라도 그러한 우리의 "형제를 사랑하지 않는 사람에게는 하나님의 사랑이 그런 사람에게는 없습니다."라는 말씀은 맞는 말씀인 것입니다.

그것은 왜냐하면 그런 사람은 그리스도의 몸도 아니요, 그리스도의 지체도 아니기 때문에 그들의 몸과 다른 우리들을 그들은 사랑할 수가 없는 것이기 때문입니다.

그래서 그리스도를 믿는다고 하는 사람들에게 예수님께서 명령하신 "너희가(형제끼리) 서로 사랑하라"는 형제 사랑의 계명을 우리가 꼭 지켜야 한다고 말하면 어떤 사람들은 말하는 사람을 향하여 "저 사람은 율법주의자다." 또는 "행위주의자다." 하며 비난하며 몰아세우는 사람들이 있습니다. 하지만 엮은이는 그런 사람들의 말에는 개의치 않습니다.

왜냐하면 그들은 영적으로 어린아이이거나 성경의 말씀을 모르는 사람들이기 때문입니다.

그러나 엮은이는 그것이 중요한 것이 아니고 형제가 진짜 "하나님의 자녀입니까?" "아닙니까?"가 더 중요합니다. 그 이유는 형제가 진짜 하나님의 자녀라면 말을 안 해도 믿음의 형제들의 어려움을 볼수록 형제끼리 서로 뭉치며, 서로 도우며, 서로 아끼며, 서로 고난을 해결해 주고, 서로 나누며, 서로 사랑하며, 자신과 같은 그리스도의 지체로서 서로 어우러져서 착(선)한 일을 하기 때문인 것입니다.

이와 같이 그리스도의 몸으로서 함께 느끼며 형제와 형제가 똘똘 뭉쳐서 서로 사랑하며 공생하며(공생; 서로 도우며 함께 삶) 사는 것이 하나님을 사랑하는 사람인 것이요, 예수님의 계명을 지키는 일인 것이요, 그리스도의 몸의 역할을 하고 있는 사람인 것입니다.

바로 이런 계명! 형제들이 형제들에게 위로를 주는 계명, 그리고 기쁨을 주는 계명, 행복을 주는 예수님의 계명을 누가 지켜야 합니까?

그것은 바로 예수 그리스도를 영접한 사람들이 지켜야 하는 것입니다.

1) 하나님의 자녀 됨의 증거가 나타나는데

왜냐하면 예수 그리스도를 영접한 사람에 대하여 사도 요한으로 선포하시는 말씀에서 보면 예수님께서 그리스도이심을 믿는 자는 누구나 하나님의 자녀라고 말씀하고 있기 때문입니다. 그 말씀은 우리가 예수님께서 그리스도이심을 마음에 믿음으로써 하나님의 자녀가 되는 특권을 얻게 된 것을 말씀하는 것입니다.

"영접하는 자
곧 그 이름을 믿는 자들에게는
하나님의 자녀가 되는 권세(특권)를 주셨으니"(요1:12)

말씀과 같이 우리가 우리의 마음에 예수님께서 그리스도이심을 믿음으로써 이로 말미암아 예수 그리스도를 영접하게 된 것이며 또한 그 믿음으로 우리가 만왕의 왕이시오, 만주의 홀로 주님이신 영광의 하나님의 자녀가 된 것입니다.

　　"이는 혈통(혈육)으로나 육정으로나
　　사람의 뜻(공동번역 ; 사람의 욕망)으로 나지 아니하고
　　오직 하나님에게서 난 자들이니라."(요1:13)

　이와 같이 우리가 우리 주 예수 그리스도를 자신의 삶속의 주인으로 모시는 순간 **"하나님에게서 난 자"**들로서 하나님에게서 태어나 하나님의 자녀가 되었다는 사실을 알게 되는 것입니다. 그러므로 누구든지 하나님의 자녀가 되었다면 **"하나님의 자녀 됨의 증거"**가 나타나는데 그 증거는 하나님의 일을 하거나 믿음의 형제끼리 서로 진실하게 사랑하는 것으로 나타나는 것입니다.

　"(형제를) 사랑하는 사람은 누구나 하나님께로부터 났으며"(요일4:7; 공동번역) 그리고 또한 사도 요한은 "의로운 일을 하지 않는 사람이나 '형제'를 사랑하지 않는 사람은 하나님의 자녀가 아닙니다."(요일3:10; 현대인의 성경) 하는 것입니다.

　그렇습니다.

　의로운 일을 하지 않거나 형제를 사랑하지 않는 사람은 하나님의 자녀가 아닌 것입니다.

　그러나 말씀과는 반대로 형제를 사랑하는 사람은 누구나 하나님의 사랑을 지닌 사람으로서 그 자신이 하나님께로부터 왔음을 나타내는

것이며, 하나님의 일을 하거나 형제를 사랑하는 일을 하는 사람은 하나님의 자녀임이 확실하다는 그 말씀인 것입니다.

그러므로 사도 요한을 통하여 이와 같이 말씀을 하심은, 우리가 하나님의 자녀가 되어 서로 사랑함으로써 그분의 자녀 됨의 증거를 세상에 나타내고 있는 그리스도인들은 누구나 하나님의 자녀로서 지극히 정상적인 사람이라는 것을 말씀하고 있는 것입니다.

그러나 예수님을 믿는다고 하면서도 하나님의 일을 하지 않거나 형제를 사랑하지 않는 사람은 미안하지만 하나님의 자녀가 아니라는 그 말씀은 그런 사람들에게는 정당한 말씀인 것입니다.

왜냐하면 그것은 "우리가 하나님의 아들 예수 그리스도와 이름을 믿고 그리스도께서 명령하신 대로 **'서로 사랑하는 것'**이 바로 하나님의 계명을 지키는 것입니다. 하나님의 계명을 지키는 사람은? 하나님 안에서 살고 하나님께서도 그 사람 안에 계십니다."(요일3:23,24; 현대인의 성경)라고 말씀하고 있기 때문입니다. 그리고 또한 그런 사람들은 물과 성령으로 거듭나지 않았기 때문(요3:5)에 **"성령은 없는 자니라."**(유1:19)는 말씀과 같이 성령이 없는 육적인 자들로서 그분만이 할 수 있는 하나님의 일과 그분의 능력으로 하는 그와 같은 사랑의 일을 그들은 할 수 없는 것이기 때문입니다. 그렇기 때문에 성령님을 따라 사는 그와 같은 형제들을 그들은 사랑할 수 없는 것입니다.

2) 그렇기 때문에 엮은이도

　그렇기 때문에 엮은이도 이 고난의 세계에서 참고 인내하며 형제들의 고난에 동참하여 우리 안에 계신 분의 능력으로 함께 극복하기를 원하는 것입니다.

　그러므로 하여금 하나님께서 살아 계시는 것과 그분께서 모든 것 위에 계시고, 모든 것을 통해 일하시며, 모든 것 안에 계시는 것과 그분으로 인하여 천하 만물이 자라나며 생동하며 온 세상에 있는 만물과 사람이 가꾸는 모든 농작물들로 열매를 맺게 하시는 것입니다.

　그리고 그분이 온 세상에 동일하게 비를 내리시고 해를 비추심과 또한 우리는 하나님 안에서 살고 움직이며 존재하는 것과 하나님을 찾는 자들에게 상 주신다는 것을 형제들로 알게 하는 것과 그러한 분이심을 믿게 하는 것입니다.

　그리고 또한 그리스도의 계명을 지키는 것과 그리스도의 형제끼리 서로 진실로 사랑하는 사람은 "이는 하나님은 사랑이심이라."는 말씀처럼 그리고 "사랑은 하나님께로부터 오는 것입니다. 말씀하심과 같이 하나님에게서 오는 사랑을 지닌 사람으로서 형제를 사랑함으로 하나님께로부터 났으며 하나님을 아는 그분의 자녀인 것"(요일4:7)을 아는 것입니다. 그럼으로써 포도나무 비유와 같이 예수 그리스도의 몸이요, 그리스도의 지체로서 서로 사랑하는 것이 곧 그리스도를 사랑하는 것이요,(마25:31~46) 보이지 않는 하나님(딤전6:16; 현대인의 성경;

그분만이 영원히 죽지 않으시고 사람이 가까이 갈 수 없는 빛 가운데 계시며 아무도 보지 못하였고 볼 수도 없는 분이십니다.)을 사랑하는 것이라는(요일4:20,21) 것을 알게 하는 것입니다. 그와 같이하여 그리스도의 사랑을 앎으로 "사랑은 율법의 완성이니라."(롬13:10)고 말씀하고 있는 것처럼 우리 안에 계시는 분의 분부하심을 따라 서로 사랑함으로써 우리가 하나님 안에 살고 하나님도 우리 안에 계심으로써 이것으로 하나님의 사랑이 우리 안에서 완성되어(요일4:16,17) 하나님의 계획이 완전히 이루어진다는 것(엡3:17-19; 공동번역: 아버지께서 "여러분의 믿음"을 보시고 "그리스도께서 여러분의 마음속에 들어가 사실 수 있게 하여 주시기를 빕니다." 그래서 여러분이 "사랑에 뿌리"를 박고 "사랑을 기초"로 하여 살아감으로써 모든 성도들과 함께 하나님의 신비가 얼마나 넓고 길고 높고 깊은지를 깨달아 알고 "인간의 모든 지식을 초월한 그리스도의 사랑"을 알 수 있게 되기를 바랍니다. 이렇게 해서 여러분이 "완성"되고 "하나님의 계획"이 완전히 이루어지기를 빕니다. 말씀과 같이 하나님의 계획이 완전히 이루어진다는 것)을 알게 하려고 이 책을 쓰고 있는 것입니다.

2.

형제 사랑의 중요성

"사랑하는 여러분, 서로 사랑합시다.

사랑은 하나님에게서 왔습니다.

사랑하는 사람은

모두 하나님에게서 나서 하나님을 알지만

사랑하지 않는 사람은

하나님을 모릅니다.

이것은

하나님이 사랑이시기 때문입니다."(요일4:7,8; 현대인의 성경)

우리 그리스도인의 삶에서 형제와의 사랑은 우리에게 있어서는 죽음과 삶을 놓고 결단해야 할 만큼 얼마나, 얼마나 중요한 일인가를 형제들은 확실하게 알아야 하는 것입니다.

왜냐하면 그것은 "형제라 하면서도 형제를 사랑하지 않는 사람은 하나님을 알지 못하는 사람입니다."(요일4:8)라고 말씀하고 있기 때문인 것입니다. 그렇다면 본 절의 말씀에서처럼 왜 형제를 사랑하지 않는 사람은 하나님을 모르는 사람이라고 하셨을까요?

그것은 **"하나님이 사랑이시기 때문입니다."**라고 말씀하고 있기 때문입니다.

무슨 말씀일까요?

그 말씀은 곧 하나님이 사랑, 그 자체이시기 때문에 하나님의 자녀는 사랑이신 하나님 아버지의 성품을 지닌 그분의 자녀로 새롭게 태어난 사람임을 말씀하고 있는 것입니다.

그렇기 때문에 그와 같이 하나님에게서 태어나 그분의 사랑을 지닌 하나님의 자녀들이라면 당연히 하나님의 일을 하는 것과 형제를 사랑하는 일을 하게 되어 있다는 말씀인 것(요일2:29; 현대인의 성경; 하나님이 의로운 분이라는 것을 안다면 의롭게 사는 사람들이 모두 그분의 자녀라는 것을 잊지 마십시오)입니다.

그것은 하나님의 자녀로서 극히 자연스러운 그분의 일인 것입니다.

왜냐하면 하나님의 자녀들은 빛을 비추었을 때 그 빛을, 빛이 비추이는 그 순간에만 반사하여 반사하는 빛을 내는, 그런 사람이 아니라 그 빛을 한가득히 흡수하고 있다가 밖으로 방출할 때 계속 발광하는 야광물질과 같이 계속하여 빛을 내는 사람들이기 때문입니다.

그러므로 하나님의 자녀들은 하늘로부터 내려오는 말씀을(빛) 받아 하나님의 진리의 말씀을 간직하고 있다가 그분의 빛을 계속적으로 내는 그런 사람들인 것입니다. 그러한 사람이 바로 하나님께로부터 태어난 그분의 자녀로서 그분으로부터 받은 그분의 성품을 지닌 사람인 것입니다. 그런 사람이 하나님의 사랑을 간직하고 있다가 그 사랑을 계속적으로 발광하여 사람 앞에 비춤으로써 "저희로 너희 착한 행실을 보고 하늘에 계신 너희 아버지께 영광을 돌리게 하라"(마 5:16) 하심을 실천하게 되는 것입니다.

이와 같이 일을 하는 사람이 예수님의 말씀과 같이 하나님 아버지께 영광을 돌리는 그러한 형제들인 것이요, 모두 빛의 아들이요, 낮의 아들인 것입니다. 예수님을 참으로 믿으면 이와 같이 그리스도의 빛을 발광하는 것입니다.

또한 그런 사람이 진정한 우리의 형제인 것입니다.

이와 같은데도 같은 형제라 하면서도 서로 같은 믿음의 형제들과 사랑하지 않거나 하나님의 일을 하지 않는다면 그런 사람은 하나님에게로부터 나지 않은 사람이며 빛을 받을 수 없어 발광을 못하는 사람으로서 하나님을 모르는 그런 사람인 것입니다.

그렇지만 여러분이 진리의 일을 하거나 형제를 진실로 사랑하는 사람이라면 그와 같은 사람이 "하나님은 사랑이심이라"는 말씀과 같이 사랑이신 하나님 아버지의 성품을 지닌 그분의 자녀로서 우리 안에 계시는 성령님의 지도하심을 따라 그분의 능력으로 하나님의 사랑을 형제들에게 행하게 됨으로써 확실하게 그분의 자녀임이 입증되는 것입니다. 그래서 사도 요한을 통하여 "사랑하는 자들아, 하나님이 우리를 살리시려고 외아들을 세상에 보내셔서 우리가 그를 통해 살 수 있게 하심으로 우리에게 자기의 사랑을 나타내셨습니다."(요일 4:9; 현대인의 성경) 하심 같이 "하나님이 이토록 우리를 사랑해 주셨으니 우리도 서로 사랑하는 것이 마땅하도다."(요일4:11) 하는 것입니다.

이와 같이 하나님께서 우리를 살리시려고 자신의 아들을 세상에 보내셔서 우리의 죄악을 그리스도 예수님께 담당시키신 것입니다. 그와 같이하여 우리가 예수님을 통해 살 수 있게 된 것입니다.

하나님께서는 이렇게까지 하셔서 하나님 자신의 사랑을 우리에게 나타내어 보이신 것입니다.

그러므로 사랑하는 형제 여러분, 하나님이 이렇게까지 우리를 사랑하여 주셨으니 이제 우리가 그와 같이 크신 하나님의 사랑이 어떠한 줄을 알았다면 우리가 하나님께서 그렇게까지 사랑한 우리의 형제들을 사랑함에 있어서 그와 같이하여 그리스도의 피로 하나님께서 값을 치르고 사신 그분의 존귀한 형제들로서(고전6:20) 우리가 서로 사랑한다는 것은 우리에게 있어서 얼마나 중요한 일인가를 형제들은 확실하게 깨달아야만 하는 것입니다.

그러므로 그것을(형제 사랑 중요성을) 바르게 알 수 있도록 성경 속으로 안내해 드리겠습니다. 하나님께서 사도 요한을 통해 형제 사랑 중요성에 대하여 이렇게 말씀하셨습니다. "우리가 하나님의 계명을 지키면? 이것으로 우리가 하나님을 알고 있다는 것이 확실해집니다. 하나님을 알고 있다고 하면서 하나님의 계명을 지키지 아니하는 사람은? 거짓말쟁이요 그 사람 속에는 진리가 없습니다."(요일2:3-4; 현대, 공동)라고 말입니다. 그렇다면 위 말씀이 가리키고 있는 것으로서 "하나님을 알고 있다는 하나님의 계명"은 무슨 계명을 말씀하시는 것일까요?

그것은 너희도 서로 사랑하라는 것으로서 예수님께서 자기를 믿는 주님의 제자들에게 주신 계명을 말씀하시는 것입니다. 주님께서는 제자들에게 계명을 주실 때에 이렇게 말씀하셨습니다. "내 계명은 곧 내가 너희를 사랑한 것같이 너희도 서로 사랑하라. 하는 이것이니라."(요15:12) 이렇게 말입니다. 그래서 주님께서는 "너희가 나를 사랑하면 나의 계명을 지키리라."(요14:15) 말씀하셨으며 "나의 계명을 가지고 지키는 자라야, 나를 사랑하는 자니"(요14:21)라고도 말씀하셨고 "나를 사랑하지 아니하는 자는 내 말을 지키지 아니하나니"(요14:24) 말씀하셨습니다. 그러므로 사도 요한은 주님께 가르침을 받은 대로 "하나님의 계명은 이것이니 곧 **아들 예수 그리스도의 이름을 믿고** 그리스도께서 우리에게 명하신 대로 **서로 사랑하라**는 것입니다."(요일 3:23; 새 번역)라고 말씀을 전하고 있는 것입니다. 위 말씀은 우리가 누구와 서로 사랑하라는 말씀이겠습니까?

우리가 세상 어려운 이웃과 서로 사랑하라는 말씀이겠습니까? 주님을 믿는 형제들과 서로 사랑하라는 말씀이겠습니까?

그렇습니다. "하나님의 계명은 이것이니 곧 아들 예수 그리스도의 이름을 믿고"라고 말씀하심으로써 주님을 믿는 그리스도의 형제들과 서로 사랑하라고 말씀하신 것입니다. 그래서 주님께서는 사도 요한을 통하여 말씀하시기를 "하나님의 계명을 지키는 사람은 하나님 안에 살고 하나님께서도 그 사람 안에 계십니다."(요일3:24; 현대인의 성경)라고 하나님의 말씀을 전하고 있는 것입니다. 그렇다면 위의 말씀 중에서 하나님의 계명은 무엇일까요?

하나님의 계명은? "하나님의 아들 예수 그리스도의 이름을 믿고, 예수님께서 우리에게 명령하신 대로 '서로 사랑하는 것'이 바로 하나님의 계명을 지키는 것입니다." 말씀하신 것입니다. 그렇습니다. 주님께서 "내가 너희를 사랑한 것같이 너희도 서로 사랑하라." 명령하신 대로 예수 그리스도를 믿는 **우리가 서로 사랑하는 것**이 **하나님의 계명을 지키는 것**이요 주님을 믿는 우리가 **형제들과 서로 사랑하는 그 자체**가 바로 주님께서 명하신 **하나님의 계명인 것**입니다.

그래서 주님께서는 사도 요한을 통해서 위 말씀과 같이 "하나님의 계명을 지키는 사람은?" 말씀하심으로써 그리스도께서 "내가 아버지의 계명을 지켜(실천하여) 그의 사랑 안에 거하는 것 같이 너희도 내 계명을 지키면(실천하면) 내 사랑 안에 거하리라."(요15:9) 말씀하신 것처럼 실천하는 것이며 그리고 그 계명은 예수님께서 제자들에게 "내 계명은 이것이니 내가 너희를 사랑한 것처럼 너희도 서로 사랑하라" 명하신 주님의 계명과 같은 것입니다. 그와 같이 예수님께서

"내가 너희를 사랑한 것처럼 너희도 서로 사랑하라는 말씀처럼 형제들과 서로 사랑하라는 것입니다." 그러므로 "하나님의 계명을 지키는 사람"이라는 그 말씀은? 곧 **"형제들과 서로 사랑을 실천하는 사람은?"** 이라는 말씀을 가리키는 것으로서 그와 같이 "형제들과 서로 사랑을 실천하는 그 사람은 하나님 안에 살고 하나님께서도 그 사람 안에 계십니다."(요일3:24) 하는 말씀이 되는 것입니다. 앞에 "형제들과 서로 사랑을 실천하는 사람은 하나님 안에 살고 하나님께서도 그 사람 안에 계십니다."라는 말씀이 바로 "하나님은 사랑이시라. 그 사랑 안에 사는 사람은 하나님 안에 살고 하나님도 그 사람 안에 계십니다."라는 그 말씀과 서로 동일한 말씀인 것입니다. 그러므로 여러분은 잘 보십시오. 자신을 포함하여 그리스도를 믿는다는 모든 형제들이 하나님 안에 살고 있는가? 살지 않고 있는가? 하는 **판가름하는 데 중심이 되는 그리스도의 형제**들이 얼마나 존귀하며, 얼마나 그리스도의 형제들이 여러분에게나 우리 모든 믿음의 형제들에게 중요합니까?

사랑하는 형제 여러분, 형제 사랑의 중요성에 대하여 위 말씀뿐만이 아닙니다. 주님께서는 계속해서 사도 요한을 통해 다음과 같이 말씀하셨습니다. "하나님의 계명을 지키지 않으면서(형제를 사랑하지 않으면서) 하나님을 안다고 하는 자는 거짓말쟁이이며 진리가 그 속에 있지 않습니다. 그러나 누구든지 하나님의 말씀을 지키면(실천하면)(요일3:14) 그 사람은 진실로 하나님을 완전히 사랑하고 있는 것입니다. 이렇게 해서 우리는 우리가 하나님 안에 있다는 것을 알게 됩니다."(요일2:4,5; 현대, 공동) 하신 것이며 "자기가 빛 속에 산다고 말하면서 자기 **형제를 미워하는 사람**은(이것만 알아두십시오. 예; 미움의 반대는 사랑이라는 것과 마귀의 일 반대는 하나님의 일이라는 것을 말입니다. 그러므로 형제를 사랑하지 않는 사람은) 아직도 **어둠 속에서 사는 사람**입니다. **형제를 사랑하는 사람**은 빛 속에서 사는 사람이며(요8:12; 나는 세상에 빛이니 나를 따르는 자는 어둠에 다니지 아니하고 생명의 빛을 얻으리라는 말씀과 같이) 남을 죄짓게 하는 일이 없습니다. 그러나 '자기 형제를 미워하는 사람'은(요일3:14; 형제를 사랑치 아니하는 사람은) 어둠 속에 있으며 '어둠 속에서 사는 것'입니다. 어둠이 그의 눈을 멀게 했기 때문에, 그는 자기가 어디로 가고 있는지(요8:14) 알지 못합니다."(요일2:9-11; 공동, 현대) 하신 것이며 "우리가 **'형제를 사랑함'**으로 **사망에서 옮겨 생명으로** 들어간 줄을 알거니와 **'형제를 사랑치 아니하는 자'**는 **사망**에 거하느니라."(요일3:14) 말씀하신 것입니다. 그러므로 형제 사랑 중요성에 대하여 주님께서 말씀하시기를 "너희를 영접하는 사람은 곧 나를 영접하는 것이요 나를 영접하는 사람은 나를 이 땅에 보내신 하나님을 영접하는 것이다."(마10:40; 현대인의 성경) 말씀하신 것입니다. 여기서 "영접"은 "세상 이웃"이 아닙니다. "너희"입니다. 너희는 곧 눈에 보이는 그리스도의 형제들을(요일4:20,21) 가리키는 말씀입니다. 그러므로 "너희를 영접하는 사람은 곧 나를 영접하는 것이요"라는 말씀은 "예수 그리스도를 믿는 **믿음의 형제를 영접하는 사람**은 **예수님을 영접하는 것**이요"라는 말씀이며 "나를 영접하는 사람은 나를 이 땅에 보내신 하나님을 영접하는 것이다."라는 말씀은 믿음의 형제를 영접하는 사람은 나를(예수님을) 영접하는 사람으로서 곧 **"예수님을 영접하는 사람**은 예수님을 이 땅에 보내신 **하나님을 영접하는 것"**이다.라는 말씀이 되는 것입니다. 그러므로 "형제를 영접함"으로써 형제를 통해 "주님을 영접하는 것"이 되는 것이며, 위와 같이 "형제를 통해 주님을 영접한 사람"은 "그리스도 예수님을 영접한 사람"으로서, 우리는 주님의 말씀과 같이 우리가 "예수님을 통해 하나님을 영접한 사람이 되는 것"입니다. 이와 같이 우리가 그리스도의 형제를 영접함으로써 형제를 통해 **"예수님도 하나님도 영접"**하게 되는 **일석이조의 효과를 거두는 셈이 되는 것**입니다. 이러함으로 우리는 형제 섬김에 대하여 어떻게 섬겨야 할지를 생각해야 합니다. 예수님은 주인이시고 스승이시지만 하인이 주인을, 제자가 스승을 섬기듯이 종과 같이 그리고 제자와 같이 낮은 자리에서 손수 제자들의 발을 씻기시며 자신의 백성인 제자들을 섬기는 모범을 보이셨습니다. 그와 같이 섬김을 실천하신 후에 제자들에게 이렇게 말씀하셨습니다. "스승이며 주인인 내가 너희의 발을 씻어 주었으니 너희도 서로 발을 씻어 주어야 한다. 내가 너희에게 한 일을 너희도 그대로(실천) 하라고 본을 보여 준 것이다."(요13:14,15; 공동번역)라고 말입니다. 그렇습니다. 우리가 주님의 말씀과 같이 종이 주인을 섬기듯이 제자가 스승을 섬기듯이 종과 같이, 제자와 같이 형제 자신의 몸과 같은 그리스도 몸의 지체인 형제들을, 우리의 스승이요 주인이신 우리 주님을 여러분들이 "주님이시다." 하여 자신의 주인으로 섬기듯이, 낮은 자리에서 서로 높이 섬기라는 말씀입니다. 그것은 하늘나라는 끝없는 욕망으로 이끄는 세상과는 달라서 욕심으로 이끄는 일이 전혀 없는 세상으로서 **섬기는 사람이 높아지고, 종 된 사람이 다스리는 세상**이기 때문입니다. (막10:42,43; 공동번역; "너희도 알다시피 이방인들의 통치자로 자처하는 사람들은 '백성을 강제로 지배'하고 또 높은 사람들은 '백성을 권력으로 내리누른다.' 그러나 너희는 그래서는 안 된다. 너희 사이에 누구든지 높은 사람이 되고자 하는 사람은 '남을 섬기는 사람'이 되어야 하고 으뜸이 되고자 하는 사람은〈고전9:19; '나는 스스로 모든 사람의 종이 되었습니다. 고백하는 사도 바울〉모든 사람의 종'이 되어야 한다."라는 주님의 말씀과 같이 말입니다) 그러므로 위와 같은 마음으로 그리스도의 형제를 섬기는 사람이 우리의 주님이시오. 스승이신 우리 주 예수 그리스도를 섬기는 것이요(마25:40; 너희가 여기 있는 "형제 중에 가장 보잘것없는 사람" 하나에게 해 준 것이 바로 "나에게 해 준 것이다."라는 말씀과 같이 주님을 섬기는 것이며) 주님을 이 땅에 보내신 하나님을 섬기는 것입니다. 그래서 주님께서 제자들에게 **너희를 맞아들이는 사람**은 '나를 맞아들이는 사람'이며 **나를 맞아들이는 사람**은 '나를 보내신 분을 맞아들이는 사람'이다."(마10:40; 공동번역)라고 말씀하신 것이며 "누구든지 **내가 보내는 사람을 영접하는 사람**은 '나를 영접하는 자'이며 **나를 영접하는 사람**은 '나를 보내신 분을 영접하는 자'이다."(요13:20; 현대인의 성경)라고 말씀하시고 있는 것입니다. 이와 같은 말씀이 "하나님을 사랑하는 사람은 형제도 사랑해야 합니다."라는 그리스도의 말씀과 같이 그리고 표지의 제목과 같이 **"형제를 사랑하는 사람은 곧 하나님을 사랑하는 사람입니다."**라는 말씀이 되는 것입니다. 이러하니 형제를 사랑한다는 것이 우리에게 있어서 얼마나 중요합니까?

위와 같이 우리 주 나사렛 예수 그리스도를 믿는 믿음의 형제를 사랑하는 사람들이 하나님을 사랑하는 사람들로서 마태복음 25장 31절에서 46절에 걸쳐 말씀하신 예수님의 예언과 같이 그리스도 최후의 심판에서 "염소" 대열이(마25:41-45) 아닌 하나님의 은혜로 "양"의 대열에(마25:34-40) 서게 됨으로써 하늘나라의 영광을 차지하게 되는 것입니다.

그러므로 사랑하는 형제들이여, 우리 그리스도의 형제들이 위와 같으니 예수 그리스도를 믿는 형제들을 사랑함의 있어서 그 중요성을 우리는 알아야만 하는 것입니다.

그것은 왜냐하면 여러분의 **형제 한 사람, 한 사람**은 "이 소자 중에 하나라도 잃어지는 것은, 하늘에 계신 너희 아버지의 뜻이 아니니라."(마18:14) 말씀하실 정도로 하나님 아버지에게도, 믿음의 식구인 우리 모두에게도 천하보다도 아주 존귀한 사람들이기 때문인 것입니다.

1) 우리도 형제를 위하여 목숨을 버리는 것이

앞장에서 형제 사랑의 중요성에 대하여 말씀드린 것과 마찬가지로 그리스도 형제 사랑하는 것에 대하여 사도 요한은 다음과 같이 말씀을 선포하고 있습니다. 읽어 보시고 깨달음이 있기를 바랍니다.

  "그가 우리를 위하여 목숨을 버리셨으니
  우리가 이로써 사랑을 알고
  우리도 형제들을 위하여
  목숨을 버리는 것이 마땅하도다."(요일3:16)

　이와 같이 예수님께서 우리를 사랑하심으로 말미암아 우리를 위하여 목숨을 버리심으로써, 죽을 수밖에 없었던 우리가 우리 주 예수 그리스도를 마음에 믿음으로써 우리 모두가 살게 된 것입니다.

　그렇기 때문에 사도 요한은 우리가 그와 같은 우리 주님의 희생의 사랑을 알았으면 우리도 주님과 같이 형제들을 위하여 목숨을 버림으로써 형제를 사랑을 하는 것이 마땅한 것입니다. 하는 것입니다.

　그렇다면 여기에서 "그가 우리를 위하여 목숨을 버리셨으니 우리도 형제를 위하여 목숨을 버리는 것이 마땅하도다."라고 사도 요한으로 말씀하신 그 말씀은 구체적으로 어떠한 말씀을 가리키고 있는 것일까요?

　그것을 본 절의 다음구절인 아래의 구절로 사도 요한은 그 답을 내어놓고 있습니다. '공동번역성서'입니다.

"누구든지 세상의 재물을 가지고 있으면서

자기의 형제가 궁핍한 것을 보고도(제사장, 레위인과 같이)

마음의 문을 닫고 그를 동정하지 않는다면

어떻게 그에게 하나님의 사랑이 있다고 하겠습니까?"(요일

3:17)

그렇습니다.

예수님을 믿는 사람뿐만 아니라 세상 모든 사람들이 하나님께서 내려주신 재물을 가지고 있는 것입니다. 그러면서도 그것으로 자기의 형제, 곧 함께 거하는 **믿음의 형제가 궁핍한 생활**을 하는 것을 본 사람이 자신의 마음의 문을 고의적으로 닫아 불순종함으로 자기의 형제에게 자비를 베풀지 않는다면, 어떻게 그런 사람에게 하나님의 사랑이 있다고 하겠습니까? 말씀하심으로써 참으로, 그 말씀은 예수님께서 예화로 부자와 거지 나사로로 보여 주는 말씀과 같은 것입니다.

그 예화는 이렇습니다.

"부자가 '아버지 아브라함'이여,라고 부를 정도로 거지 나사로가 자기의 동족이요, 자신의 형제임에도 불구하고 자신만을 위하여 좋은 옷을 입고 날마다 호화로이 잔치를 벌이며 자기의 즐거움과 만족을 위해서 늘 즐기면서 살고 있었습니다. 그런 가운데 자기 집 대문 앞에는 자신과 같은 아브라함의 자녀로서 나사로라는 부스럼투성이의 거지가 거처로 삼아 누워 지내고 있었습니다. 그런 나사로가 부자인

자신의 식탁에서 떨어지는 부스러기로 배를 채우려고 할 때에 심지어 개들까지 와서 그의 헌데를 핥을 정도로 몰골이 형편없이 망가진 모습을 보았으면서도 그리고 그런 모습으로 자기 앞에서 구걸하는 그런 처참한 모양새를 하고 있는 광경을 보고 있으면서도 불쌍히 여겨 자비를 베풀어 구원하지 않고, 이기주의자들처럼 자기만을 위하여 그와 같이 살다가 죽어, 지옥에 들어간 것입니다."(눅16:19-31)

여러분은 예수님의 이 예화의 말씀을 잘 깨달아야 하는 것입니다. 왜냐하면 예수님의 이 예화의 말씀은 예수님을 믿는다고 하는 모든 사람들을 가리키고 있기 때문입니다.

그렇기 때문에 많은 사람들이 예수님을 믿는다고 하면서도 한 부자와 같이 자신에게 주어진 재물을 욕심으로 움켜쥐고, 고난 속에서 죽어 가는 형제의 생명을 살리지 않고 자신만을 위하여 살다 간 한 부자와 같은 그런 사람들에게는, 오늘날도 마찬가지로 자신은 교회를 열심히 다닐지라도 그리고 **"아버지 아브라함"**이여라고 부르는 한 부자와 같이, 같은 우리의 하나님을 **"아버지 하나님"**이라고 부를지라도, 한 부자처럼 고난의 처한 자기의 형제를 보고도 나 몰라라 하는 그런 사람들에게는 **하나님의 사랑이 없다는 것**을 강력하게 말씀하고 있다는 것을 우리는 깨달아야 하는 것입니다.

그와 같은 본 절의 말씀을 '옥스퍼드원어성경대전'에서는 "어찌 거할까 보냐(포스 메네이). 요한은(요일3:17; 누가 이 세상 재물을 가지고 형제의 궁핍함을 보고도 도와줄 마음을 막으면 하나님의 사랑이 어찌 그 속에 거할까 보

나) 설의법적 의문문을 사용해 전하고자 하는 메시지를 보다 더 강하게 전하고 있다. '그리스도인들은 형제를 사랑하도록 부름을 받은 존재이다.' 그러나 이들이 형제의 곤고함을 보고도 그들을 돕지 않으면 이것은 하나님의 사랑이 자신 안에 존재하지 않음을 증거 하는 행위이다. (잠 14:21) 살인자(엮은이; 형제를 미워하는 자)에게나 (엮은이; 형제에게) 무정한 자의 마음에는 하나님의 사랑이 함께하지 못한다."고 풀이하고 있습니다. 엮은이도 그와 같이 풀이한 말씀에 동의합니다.

왜냐하면 그것은 하나님 아버지와 예수님께서는 주님의 계명을 지키는 자에게 찾아가 그와 함께 살 것이다. (요14:23)라고 말씀하신 것입니다. 그 말씀은 성령님께서 우리의 마음속에 임재하심을 말씀하시는 것입니다. 그렇기 때문에 정말, 주님을 믿는 사람이라면 그리고 그분을 따라 사는 사람이라면 하나님께서 그 마음에 궁핍한 형제를 보고 도와주고자 하는 마음의 문을 열어 주셨을 때에 그분의 거룩하신 명령에 불순종하여 고의적으로 마음의 문을 닫지 않고, 순종하여 열므로 주님의 선한 일을 우리 안에서 일하시는 성령님의 능력으로 궁핍한 그리스도의 형제에게 행하게 되기 때문인 것입니다.

그와 같이 행하는 일이 바로 형제들을 위하여 자신의 생명을 내어 버리는 일인 것입니다.

왜, 궁핍한 믿음의 형제를 돕는 일이 자신의 생명을 내어 버리는 일이 될까요? 그것은 왜냐하면 대부분 많은 사람들은 자신이 정말 열심히 일을 해서 벌었다거나 고생을 많이 해서 번 돈을 가지고 **"자신의**

피 같은 돈이라"고들 말을 하고 있기 때문입니다. 그 말의 뜻은 그만큼 자신의 생명과 결부되는 소중한 돈이라는 뜻일 것입니다.

그렇기 때문에 이와 같이 자기의 목숨과 결부되는 소중한 자신의 세상 재물을 가지고(고전4:7; 현대인의 성경; 여러분이 가진 것 중에 하나님에게 받지 않은 것이 무엇입니까? 말씀과 같이 자신의 소중한 재물 모두 하나님에게 받은 것입니다. 그것으로) 이타적인 마음으로 형제들에게 행하는 것들에 대하여 사도 요한은 말하는 것입니다. 그런 사람이 그리스도의 계명을 지키는 사람인 것이요, 형제들이 형제들을 위하여 목숨을 버리는 거룩한 희생적 사랑을 하고 있는 것(요일3:19; 공동번역; 우리는 말로나 혀끝으로 사랑하지 말고 행동으로 진실하게 사랑합시다. 우리는 이렇게 사랑함으로써 우리가 '진리에 속해 있다는 것'을 알게 되고)이라고 그는 전하고 있는 것입니다.

이와 같이 하나님의 자녀를 사랑하는 사람이 하나님을 사랑하는 사람인 것(요일5:1)입니다.

이와 같은데도 형제를 사랑하지 않는 사람들이 있는 것입니다.

"눈에 보이는 형제를 사랑하지 못하는 사람이 눈에 보이지 않는 하나님을 사랑할 수 없습니다."(요일4:20; 현대인의 성경) 하는데도 말입니다.

그렇기 때문에 사도 요한은 "하나님을 사랑하는 사람은 자기 형제도 사랑해야 한다는 이 계명을 우리는 그리스도에게서 받았습니다."(요일4:21; 공동번역)라며 믿음의 핵심을 짚어서 그와 같은 그리스도의 지상 명령을 당시와 후대와 또 후대인 우리에게와 미래세대에게 그리스도께서 다시 오실 때까지 그는 전하고 있는 것입니다.

2) 그리스도의 계명을 지키는 사람과 지키지 않는 사람

형제들에게 묻고 싶습니다. 형제들은 하나님을 사랑하나요?

정말, 형제가 하나님을 사랑한다면 그리고 하나님의 자녀가 되었다면 하나님의 자녀로서 어떤 표적이(표적; 겉으로 들어난 흔적) 나타나게 될까요?

성경에서는 하나님의 자녀가 된 표적은? 우리가 하나님을 사랑하고 주님께서 말씀하신 계명을 지키게 됨으로써 우리가 하나님의 자녀를 사랑하고 있다는 것을 알게 된다고 말씀하고 있는 것입니다. 이는 실로 그리스도의 계명을 지킴으로써 세상에 나타나는 우리의 행위에 대하여 말씀하는 것입니다.

그렇기 때문에 형제 자신이 하나님을 사랑하고 있다는 것과 "너희가 서로 사랑하라" 말씀하신 예수 그리스도의 계명을 지킴으로써 자기가 형제를 사랑하고 있다는 표적이 하나님의 자녀들에게 나타나는 것이라고 사도 요한은 주님께서 주신 말씀을 강조하며 말씀을 전하고 있는 것입니다.

'현대인의 성경'의 말씀입니다.

"우리가 하나님을 사랑하고

그분의 계명을 지킬 때

이것으로

우리는 하나님의 자녀들을

사랑하고 있다는 것을 알게 됩니다."(요일5:2)

이와 같이 우리가 하나님을 사랑한다는 것은 그리스도의 계명을 지키는 것이며 주님의 계명을 지킬 때 성령님의 의하여 하나님의 자녀들을 사랑하고 있다는 표적이 나타난다고 하는 것입니다.

그런데 말입니다.

만일, 우리가 정 반대로 "주님의 계명을 지키지 않는다면?" 그것은 결과적으로 우리가 성령님을 따라 살지 않고 있다는 것을 나타내고 있는 것이며 하나님을 사랑하지 않는다는 것이 증명되는 것이고 하나님의 자녀들을 사랑하지 않는다는 것도 증거가 되어 하나님 앞에 제출되게 되는 것입니다.

만일, 그와 같이 우리가 주님의 계명을 지키지 않음으로써 마귀의 자녀들과 하나님의 자녀들로 구별되어 나타난다고 하셨는데도 그리고 그와 같이 최악의 경우 **마귀의 자녀들로 나타난다**고 사도 요한으로 아주 강력하게 경고하셨는데도 주님의 그러한 계명을 여러분은 별로 중요하지 않는 것으로 생각하여 가볍게 여기며 주님께서 우리를 향하여 그와 같이 명령하신 초 강력한 명령을 **어기시겠습니까?**

아니면 그와 같은 계명을 자신의 생명처럼 아주 중요하게 생각하고 **지키시겠습니까?**

이와 같이 엮은이가 물음으로 여러분에게 강조하는 것은 예수님을 참으로 영접한 우리에게는 최후의 심판 주로 오시는 그리스도 예수님 앞에 당당히 서 있을 만큼(요일4:17) 주님의 계명을 준행한다는 것은 형제들에게는 아주 중요한 일이기 때문에 물어보는 것입니다.

3) 하나님을 사랑한다면
형제는 그 사랑을 어떻게 증명하고 있나요?

그래서 엮은이는 여러분에게 다시 한번 묻고 싶은 것입니다.

예수님을 마음에 진심으로 믿고 있습니까?

믿는다면 그 믿음으로 하나님을 사랑하고 있나요?

만일 형제가 정말로 하나님을 사랑한다면 형제는 그 사랑을 어떻게 증명하고 있나요?

성경에서는 하나님을 사랑하는 자들은 **형제끼리 서로 사랑**하므로 인하여 주님의 계명을 지키게 됨으로써 증명된다고 사도 요한은 말씀을 전하고 있습니다.

"하나님을 사랑하는 것은 이것이니

우리가 그의 계명들을 지키는 것이라.”(요일5:3)

'공동번역 성서'의 말씀입니다.

"하나님의 계명을 지키는 것이
곧 하나님을 사랑하는 일입니다."(요일5:3)

또한 같은 말씀으로 예수님께서도 마찬가지로 주님의 계명을 받아들이고 그것을 지키는 사람이 그리스도이신 주님 자신을 사랑하는 사람이라고 말씀하고도 있습니다.

"나의 계명을 가지고(google사전; 간직하고; 간직하다; 생각이나
기억 따위를 마음속에 새겨두다 뜻함; 요5:38; 또 그분의 말씀을 마
음속에 간직하여 두지도 못한다. 이것은 보내신 자를 너희가 믿지 않기
때문이다)
지키는 자라야(옥스퍼드원어성경대전; 계속해서 준행하는 자라야)
나를 사랑하는 자니"(요14:21)

이와 같이 주님의 계명을 마음속에 깊이 새기고 그 말씀을 계속하여 실천하는 사람이 확실하게 그리스도 예수님을 사랑하는 사람으로 증명된다고 주님은 제자들에게 가르치시고 있는 것입니다.

4) 그리스도의 계명은 어떤 계명을 말씀하시는 것일까요?

그렇다면 주님께서 말씀하신 그리스도의 계명은 어떤 계명을 말씀하시는 것일까요?

그것은 곧 예수님께서 제자들에게 "내가 너희를 사랑한 것 같이 너희도 서로 사랑하라."고 가르치신 계명을 말씀하시는 것입니다.

"내 계명은
곧 내가 너희를 사랑한 것 같이
너희도 서로 사랑하라 하는 이것이니라."(요15:12)

본 절처럼 예수님의 계명은 "내가 '너희'를 사랑한 것 같이 '너희'도 서로 사랑하라." 하신 것입니다. 이와 같이 "세상에서 소외된 세상 사람들"이 아니라 예수님께서 형제들을 사랑하신 것과 같이 우리가 **"형제와 서로 자신의 몸처럼 사랑하는 것이 그리스도의 계명인 것"**입니다.

그러므로 우리가 주님의 계명을 마음속에 깊이 간직하고 예수님의 말씀처럼 그리스도의 지체로서 우리가 고난 속에 있는 그리스도와 한 몸인 그 형제를 서로 사랑함으로 도와주는 것입니다. 우리가 그와 같이 일하는 것을 가리키는 것으로서 주님께서는 "내(히2:11,12; 예수님의 형제) 형제 중에 아주 보잘것없는 사람 하나에게 한 일이 바로 내

(예수님)게 한 일이다."라고 말씀하시는 것입니다. 이와 같이 어려운 생활 가운데 있는 믿음의 형제를 도와주는 것이 곧 **그 형제 속에서 함께 고난을 겪고 계신 예수님을 돕는 것이 되는 것**입니다. 그만큼 형제 사랑은 우리에게 있어서 아주 중요한 것입니다.

그러므로 누구든지 하나님을 진심으로 사랑한다면 주님의 계명을 마음속에 간직하고 서로 같은 그리스도의 몸의 지체들로서 그러한 형제를 진실로 사랑함으로 고난 가운데 있는 우리들의 형제에게 주님의 사랑을 서로 실천하는 형제들이 다 되어야 하는 것입니다. 왜냐하면 그와 같은 실천은 다시 말하지만 "내 형제 중에 아주 보잘것없는 사람 하나에게 한 일이 곧 내게 한 것이니라."는 말씀과 같이 "그러한 형제의 고난의 삶 가운데 함께 계신 우리 주 예수님의 고난에 참여하는 것"이 되는 것이기 때문입니다.

참 포도나무의 비유

1.

사람이 내 안에 살고
내가 그 사람 안에 살면

"나는 참 포도나무이고 내 아버지는 농부이시다.

나에게 붙어 있으면서

열매를 맺지 못하는 가지는 아버지께서 모두 잘라 내시고

열매 맺는 가지는 열매를 더 많이 맺게 하려고 깨끗이 손질하

신다.

내 안에 살아라. 나도 너희 안에서 살겠다.

가지가 포도나무에 붙어 있지 않고서는

스스로 열매를 맺을 수 없듯이

너희도 내 안에 있지 않으면 열매를 맺지 못할 것이다.

나는 포도나무이고 너희는 가지다.

사람이 내 안에 살고 내가 그 사람 안에 살면

그는 많은 열매를 맺는다.

나를 떠나서는 너희가 아무 것도 할 수 없다.”(요15:1-5; 현대

인의 성경)

이 말씀은 그 유명한 참 포도나무 비유의 말씀인 것입니다.

그런데 많은 사람들이 예수님의 참 포도나무의 비유에 대하여 알

고 있기를 '연합하다'란 “여러 단체들을 합쳐서 하나의 조직을 만들

다”와 같이 여럿이 모여 한 단체를 이루는 그러한 연합단체 방식의

개념으로 알고 있는 사람들이 있는 것입니다.

그것은 우리가 모여 주님의 몸을 만드는 것이 아니라 우리의 믿음

을 보시고 주님의 몸에 하나님께서 우리를 접붙이는 것(롬11:20; 현대인

의 성경; 여러분은 믿음으로 접붙여졌으니)인데 말입니다. 그러므로 말미암

아 주님의 몸에 접붙임을 받은 우리는 옛 성품은(히10:22; 공동번역; 나쁜

마음씨가 없어지고) 없어지고 거룩한 주님의 성품을 나누어 받게 되는

것을(벧후1:4) 말씀하는 것인데 말입니다.

1) 진정한 연합

그와 같이 이루어지는 것을 '옥스퍼드원어성경대전'은 그리스도와

연합에 대하여 다음과 같이 말을 하고 있습니다.

"그리스도와의 연합은 성령 안에서 주와 하나 되는 영적 연합을 통하여 그리스도의 인격을 본받아 거룩하게 되는 결과를 낳는다. 성도는 그리스도를 믿음으로써 성령을 통해 그리스도와 하나가 되며, 그와 인격적이며 신비적 연합을 이룸으로써 모든 삶의 영역에서 그리스도의 거룩한 인격을 닮아 간다."(엡4:13) 하는 것입니다.

그렇습니다.

그와 같은 뜻으로 사도 바울을 통해 주님과 우리의 연합에 대하여 전하기를 "하나님은 '두 사람이 한 몸이 될 것이다'라고 말씀하셨습니다. 그 말씀은 '주님과 합한 사람은 주님과 한 영'이 됩니다."(고전 6:16,17; 현대인의 성경) 하신 말씀인 것입니다.

이와 같이 참으로 우리는 주님과 연합함으로써 영적으로 그리스도와 한 몸이 됨을 말씀하고 있는 것인데 잘못 알고 있는 사람들이 있는 것입니다. 우리는 실로, 신랑 되시는 주님과 우리 많은 사람이 그분의 신부로서 한 몸이 되는 것처럼 영적으로 합한 우리가 주님과 한 몸이요, 본래, 그분의 모든 것으로서 그리스도의 몸에 접붙이는 그런 놀라운 신비적 연합의 관하여 말씀하고 있는 것입니다. 그것은 성경에 "아담은 오실 그리스도의 모형(개역성경; 아담은 오실자의 표상)입니다."(롬5:14) 말씀하신 것과 같이 "여호와 하나님은 첫 사람 아담을 깊이 잠들게 하시고 그가 자고 있는 동안 그의 갈빗대 하나를 뽑아내시고 그 자리를 대신 살로 채우셨습니다. 여호와 하나님이 아담에게서 뽑아내신 그 갈빗대로 여자를 만드시고 그 여자를 아담에게 데려오시자 아담이 이렇게 외쳤습니다. '이는 내 뼈 중의 뼈요. 살 중에 살이구나! 남자에게서 나왔으니 이를 여자라고 부르리라. 그러므로 남자가 부모를 떠나 자기 아내와 합하여 두 사람이 한 몸이 될 것이다.'"(창2:21-24; 현대인의 성경)라고 말씀하신 것입니다. 그것은 예수 그리스도를 믿는 우리는 아담의 갈빗대 하나를 취하여 만든 하와와 같은 사람들로서 우리를 마지막 아담이신 그리스도에게 접붙이심으로써 **"자기 아내와 합하여 두 사람이 한 몸이 될 것이다."** 하시는 말씀인 것입니다. 그것은 우리가 참으로 예수 그리스도를 믿음으로 하나님께서는 그 믿음을 보시고 그리스도의 몸에 접붙이심으로써 그리스도와 영적으로 한 몸이 되게 하신다는 말씀인 것입니다.

그 말씀이 바로 **"주님과 합한 사람은 주님과 영적으로 하나가 됩니다."**(고전6:17; 공동번역)라는 그 말씀인 것입니다. 이것이 진정한 연합인 것이요 예수 그리스도를 믿음으로 말미암아 주님 안에 거하게 됨으로써 주님과 영적으로 한 몸이 되는 것을 말씀하는 것입니다. 이와 같이 주님과 한 몸이 됨으로써 그 안에서 '옥스퍼드원어성경대전'의 해석처럼 인격적이며 신비적인 연합을 이룸으로써 모든 삶의 영역에서 그리스도의 거룩한 인격을 닮아 가게 되는 것입니다.

2) 영적인 겉모습 영적인 내면의 모습

그러므로 참 포도나무의 비유는 주님과 영적으로 한 몸이 되는 이와 같은 말씀을 바탕으로 하여 예수님께서는 당시의 제자들과 우리에게 가르치고 있는 것으로 우리는 알아야 하는 것입니다. 그러므로 우리가 여기서 알아야 할 것은 그리스도와 연합함에 대하여 하나님께서 "남자가 부모를 떠나 자기 아내와 합하여 두 사람이 한 몸이 될 것이다."라고 말씀하신 이 말씀이, 예를 들어 우리의 "영적인 겉모습"이라고 한다면 참 포도나무 비유에 대한 말씀은 우리의 "영적인 내면의 모습"인 것으로 알아야 하는 것입니다.

왜냐하면 그것은 우리가 주님을 마음에 믿음으로써 성령님께서 우리 안에 들어오셔서 일하심으로 우리가 우리 안에서 일하시는 분을 따라 일함으로써 그분의 의하여 맺은 우리의 영적인 열매들이 **"그의 열매로 그들을 알리라."**는 말씀과 같이 겉으로 드러내어 세상에 나타내게 되는 것이기 때문입니다.

그러므로 참 포도나무 비유의 말씀이 이와 같은 말씀인 줄을 알고 "여러분은 믿음으로 살고 있는지 스스로 살피고 시험해 보십시오. 여러분은 예수 그리스도께서 여러분 안에 계신다는 것을 모르십니까?"라고 묻는 말씀과 같이 여러분이 자신의 마음을 신중하게 스스로 체크함으로써 참 포도나무 비유는 내 안에 주님께서 계시는가 하는 자신의 내면을 들여다보는 말씀으로 알고 그 말씀을 깊이 깨달았으면

하는 마음 간절합니다.

3) 두렵고 떨리는 마음으로 구원을 이루어 가지 않을까요?

예수님의 참 포도나무 비유는 그 나무에 붙어 있으면서 열매를 맺느냐 못 맺느냐 하는 그런 단순한 말씀이 아닌 것입니다.

그 말씀은 실로, "우리가 예수님 안에 살고 예수님이 우리 안에서 사는 것"에 대하여 참 포도나무 비유를 들어 우리에게 말씀하고 있는 것입니다. 그것을 "나는 참 포도나무이요 나의 아버지는 농부이시다." 말씀하신 것입니다. 그런 다음에 하신 말씀은 우리로 하여금 너무 놀라다 못해 정신을 혼미하게 만들고 있습니다. 왜냐하면 그 말씀은 주님께서 "나에게 붙어 있으면서 열매를 맺지 못하는 가지는(롬11:22; 현대인의 성경, 새 번역 성경; 여러분이 '계속' '하나님의 은총〈은총; Oxford languages 사전; 신이나 임금 등이 인간이나 백성 등에게 베푸는 고마운 일과 사랑〉 가운데 머물러 있지 않으면,' 여러분도 잘리게 될 것입니다. 말씀과 같이) 아버지께서 모조리 쳐내신다."(요15:2; 공동번역)고 말씀하신 것입니다.

주님께 붙어 있으면서 말입니다.

주님께 붙어 있으면서 열매를 맺지 못하는 가지는 아버지께서 아껴 보지 아니하시고 모두 잘라내신다!! 이 얼마나 우리로 하여금 너무 놀라다 못해 앞이 캄캄할 정도로 큰 충격을 주는 말씀입니까?

우리는 지금까지도 "오직 의인은 믿음으로 말미암아 살리라."(롬 1:17) 함과 같이 그리고 "주 예수를 믿으라. 그리하면 너와 네 집이 구원을 얻으리라."(행16:31)는 말씀처럼 **"예수님을 나의 구주로 믿습니다."** 입으로 고백만하면 구원 받은 후에 행함이(열매가) 없어도(롬4:5; 구원 받기 전 행함으로 알고 곧 "자신의 공로가 없어도 오직 믿음만으로 구원 받는다고 맹신함으로써" 말미암아 약2:23,24; 구원 받은 후의 행함 그것은 곧 엡2:10; 현대인의 성경; 우리는 선한 일을 위해(공동번역; "선한 생활을 하도록," 또는 롬11:22; "하나님의 은총에 계속 머물러 살도록") 그리스도 예수 안에서 창조함(택함)을 받았는데 이것은 하나님이 미리 준비하셔서 '우리가' **'그렇게 살도록 하신 것'**입니다. 하셨는데도 불구하고) 오직 믿음만으로 구원 받는 줄로 알고 있는 사람들이 무척이나 많은데 말입니다.

그와 같은 사람들은 **"구원 받은 후의 선한 행위"**를 좋은 말로는 "혼동"하여 그렇지 않는 말로는 "마귀에게 미혹"되어 구원 받기 전과 같은 행위적인 믿음으로 알고 있는 사람들이 있어서 그것을 분간하지 못하고 **"구원 받기 전"** "행위적인 믿음으로 생각함"으로써 받아들이지 아니하고 말씀과 같이(롬4:5; 현대인의 성경; 아무 공로가 없어도 경건치 않은 사람을 의롭다 하시는 하나님을 믿는 사람에게는 그의 믿음이 의로운 것으로 인정을 받습니다.) 하는 구원 받기 전과 같은 말씀으로 받아들임으로써 아무 공로가 없어도(행함이 없어도) 오직 믿음만으로 구원 받는다고 하는 것입니다. 그와 같이 믿음으로써 입으로 시인만하면 구원이 다 이루어져서 더 이상 구원을 이룰 것이 없다는 사람들처럼 말입니다.

그렇기 때문에 "행함이 없는 믿음은 죽은 것이니라."(약2:26)고 선포한 야고보서를 반박하는 것이며 히브리서 10장 17절을 풀이하는 어느 유명한 주석처럼 "구원 받은 사람"은 "그 어떤 일"이 있어도 "저희의 죄와 저희의 불법을 내가 다시 기억하지 않는다는 사실을 강조하는 것"(히10:17)이다. 라고 하면서 이와 같이 사도 바울을 통하여 하신 말씀을 인용하여 이 같은 사실을 믿음으로 알았던 사도 바울은 그래서 "이전 것은 지나갔으니 보라 새 것이 되었도다."(고후5:17)라고 선언할 수 있었던 것이다. 그러므로 "예수를 믿어 구원 얻은 자가 **여전히 죄의 심판으로 인해 두려워하는 것**'은 하나님의 뜻이 아니다." 구원은 죄로부터 자유를 뜻하며, "구원 얻은 자에게는 죄책감 대신에 평안이 넘치게 된다."라고 주장하며 "구원과 구원론"처럼 풀이하여 가르치고 있는 것입니다.

제아무리 구원 받은 자라 할지라도 양심에 털 나지 않은 이상, 어떻게 죄를 지은 자가 "죄책감 대신"에 "평안"이 넘치게 되겠습니까?

죄를 지은 사람은 범인을 잡는 경찰의 모습만 보아도 두려움을 느끼는데 말입니다.

그러나 죄를 짓지 않은 사람은 실제로 그러한 경찰을 보거나 만나도 심지어 그들과 대화를 해도 전혀 두려움을 느끼지 않습니다. 죄인만이 도둑이 제 발 저리다는 말처럼 누가 말하지 않아도 스스로 불안

감을 느끼게 되는 것입니다. **마귀의 자녀들이 그런 것입니다.**

왜냐하면 마귀의 자녀들은 자신이 지은 죄로 말미암아 하나님 아버지 앞에서 두려움을 느끼지만 하나님의 자녀들은 예수 그리스도를 통하여 죄 용서함을 받았기 때문에 하나님 아버지 앞에서 두려워하지 않고 오히려 자녀로서 당당하기 때문입니다.

사람도 마찬가지인 것입니다. 어디 자기 아버지에게 죄를 짓지도 않은 아들이 자신의 아버지 앞이라고 해서 가장의 위엄에 경외함으로 인하여는 두려워하며 떨 수는 있겠지만 벌받을 일을 생각하며 두려워하여 떠는 아들이 어디에 있겠습니까?

그렇지만 자기 아버지에게 죄를 지은 아들은 죄로 인하여 자신의 아버지에게 벌받을 일을 생각하기 때문에 그런 아들이 자신의 아버지 앞에서 두려워 떠는 것이 아니겠습니까?

이와 같은데도 어떻게 "구원은 죄로부터 자유를 뜻하며 구원 받은 자에게는 죄책감 대신에 평안이 넘치게 된다."라고 가르칠 수가 있단 말입니까?

상식적으로도 이해가 되지 않는 해석의 말인 것입니다.

이와 같이 오늘날도 마찬가지로 그 옛날 율법교사로 자처하는 사람들과 같이 자기들이 무엇을 말하는지 무엇을 주장하는지조차 알지 못하는 저들과 같은 사람들이 있어 성경선생으로 자처하여 가르치고 있음으로(딤전1:7; 공동번역) 인하여 교인들은 저들을 따라 그와 같이 배움으로써 예수님을 믿는다는 사람들이 "오직 믿음만으로 **꿈을 다 이**

룬 것처럼 생각을 하는 사람들이 있는 것"입니다. 그렇기 때문에 오늘날 구원 받았다고 하는 교인들이 오직 예수, 오직 믿음을 외치면서도 "인격적으로 변화된 삶을 살지 못하고 있는 것"입니다.

그러나 성경은, 저들이 말하고 있는 **"여전히 죄의 심판으로 인해 두려워하는 사람"**에 대하여 어떻게 말씀하고 있습니까?

"두려움은 '벌받을 일을 생각할 때 생기는 것'입니다. 그러므로 두려워하는 것은 **'아직 사랑을 완성하지 못한 증거'**입니다."(요일4:18; 현대인의 성경)라고 하나님께서는 "심판받을 대상"으로서 사도 요한을 통하여 확실하게 말씀하고 있지 않습니까?

이와 같이 말씀하셨건만, 저들은 우리나라의 해병대 구호처럼 "한 번 구원은 '그 어떤 일이 있어도?' 영원한 구원"으로 생각하는 자들이 있는 것입니다. 그와 같은 믿음으로 인하여 자신이 확실하게 구원을 받았는지, 아니면 구원을 받지 못하였는지도 알지 못하면서 말입니다.

그러나 저들과 같이 믿었을지라도 우리 주 예수 그리스도를 믿는다고 하는 사람들의 그 믿음이 올바르게 나타난다면(하나님의 은총 가운데 계속 머물러 살고 있다면) 그 사람은 오직 믿음만으로 구원 받았다고 하는 말은 확실한 것(롬1:17; 4:3)입니다.

왜냐하면 예수 그리스도를 믿음으로 말미암아 구원 받은 사람들은 **"구원 받은 증거"**로서 그리스도의 몸에 접붙임을 받아 그리스도의 지체로서 각 지체가 그 기능대로 다른 지체를 도와서 영양분을 받아 사랑으로 그 몸을 완성해 나가기 때문입니다. 이와 같은 사람들이라면 그 사람들은 오직 믿음만으로 구원 받은 것이 확실한 것입니다.

그것은 그리스도를 믿는 사람들 안에 주님께서 계셔서 그들을 지도하고 계시기 때문에 그리스도를 머리로 하는 많은 사람들이(교회가) 그리스도의 지체들로서 자신의 몸의 지체들처럼 서로 도우며 제 기능을 다하여 자기의 몸을 세우고 있는 것과 같이(하나님의 은총 안에 머물러 사는 것과 같이) 성령님을 따라 서로 사랑함으로써 각각 그리스도의 몸의 역할을 다하여 그리스도의 몸을 세우기 때문입니다.

이와 같이 행하게 되는 것은 우리와 같이 믿고 있는 그와 같은 믿음으로 말미암은 것입니다. 그러므로 그와 같이 믿음으로 **하나님의 선한 일**을 행하면서 오직 믿음만으로 구원을 받았다고 주장하는 사람이라면 그들의 믿음은 확실한 것입니다.

그러므로 이와 같이 우리가 주님을 따라 하나님의 일을 함으로써 그 믿음으로 말미암아 자신이 구원을 받았음을 아는 것인데 그렇게 알지 못하고 구원 받은 후에 행함을 행위적인 믿음으로 생각하고 배척하여 하나님의 선한 일을 행하지 않는 사람들이 있는 것입니다.

그렇기 때문에 저들은 자신이 구원 받았다고 고백하면서조차도 "그리스도께서 자신 안에 계시는지?" "계시지 않는지?" 알지 못하는 사람들이 허다한 것입니다.

그래서 주님께서는 사도 바울을 통하여 고린도후서 13장 5절의 말씀으로 당시의 고린도교회뿐만 아니라 지금의 우리에게도 물어 보고 있는 것입니다. **그리스도께서 너희 안에 계시는가?** 하고 말입니다.

그러므로 잘 읽어 보고 많은 깨달음이 있기를 바랍니다.

"여러분은 (구원을 받은 사람으로서) 믿음으로 살고 있는지 살피고 시험해(개역성경; 확증하라; 확실하게 증명해 보라) 보십시오."(현대인의 성경) 하는 것입니다. 무엇을 살피고 시험해 보라는 말씀일까요?

그 말씀은 "예수 그리스도께서 자신 안에 계시는지 계시지 않는지를 자신을 자세히 살피고 관찰하여 확실하게 증명해 보라는 말씀인 것"입니다. 다시 말해서 자신의 몸속을 엑스레이 촬영을 하여 세밀하게 검사 하듯이 자신의 마음속을 자세하게 검사를 해 보라는 말씀인 것입니다.

그와 같이 검사를 함으로써 "예수님이 자신 안에 계신 것"을 안다면 그 사람은 자신이 주님을 따라 살고 있다는 것이 증명된 것이며 만일, "그리스도 예수께서 자신 안에 계시는지"를 모른다면 그는 "그리스도인으로서 낙제한 사람(포도나무 가지에서 잘려 나간 가지)입니다." 하는 것입니다. 그래서 사도 바울은 고린도 교인들에게 그와 같은 뜻으로서 다음과 같이 말씀을 선포하고 있는 것입니다.

"그리스도 예수께서 '자신 안에 계시다는 것'을 깨닫지(알지) 못한다면 그 사람은 **'그리스도인'**으로서 **'낙제한 것'**입니다."(고후13:5; 공동번역)라고 말입니다. 그러나 "바울은 자신이 낙제생이 아니라는 것"을 고린도교인들이 알게 되기를 바란다고 했습니다. 그것은 고린도

교인들이 바울 자신이 낙제생이 아니라는 것을 알게 되기를 바라는 것은? 그리스도 예수께서 고린도교인들 안에 계신다면 바울 자신처럼 고린도교인들도 그리스도와 함께 사는 사람들로서 "아무 잘못도 저지르지 않게 되는 것"이며 "옳은 일을 행하게 되는 것입니다." 하는 것입니다.

그와 같이 행하게 되기를 기도하는 것은 바울은 그들이 자신과 같이 주님의 능력으로 최선을 다하여 행함으로써 "낙제생이 아니라는 것을 알게 되기를 바라는 것"이었습니다. 그것은 바울 자신이 "진리에 거슬러 아무것도 할 수 없고 오직 진리만을 위해서 일하고 있는 것처럼" 고린도교인들도 그와 같이 선한 일을 행함으로써 그들의 **"인격이 완성되는 것"**이었습니다.

그럼으로써 고린도교인들 역시도 인격이 완성되는 것을 스스로 아는 것이었습니다. 그러므로 사도 바울은 그들의 인격이 그와 같이 완성됨으로써 주님께서 주신 권위를 가혹하게 쓰지 않아도 되기 위해서 고린도교인들에게 미리 편지를 써 보내게 된 것이라고 그는 전하고 있는 것입니다. (고후13:6-10; 공동번역, 현대인의 성경)

성경은 이처럼 고린도교인들과 같이 인격이 완성되는 일을 하고 있는 사람들 안에 그리스도께서 계신 것이며 "그들 안에서 주님께서는 자신의 일을 몸소 하고 있는 것"이라고 바울은 고린도교인들에게 말씀을 전하고 있는 것입니다.

이와 같이 고린도교인들이 주님을 따라 선한 일을 행함으로써 바울 자신과 같이 고린도교인들 역시나 자신들이 **"낙제생이 아니라는 것"**을 알게 되기를 사도 바울은 바라는 것이었습니다.

이 말씀 또한 오늘날 우리에게도 바울을 통하여 선포하는 말씀으로서 예수님께서 우리 안에서 일하고 계심과 주님께서 일하심을 따라 우리가 (옳은 일과 인격이 완성되는) 일을 함으로써 그분을 따라 일하는 우리가 바울의 믿음과 같이 우리의 믿음도 **"불합격하지 않았다는 것"**을 알게 되는 것과 "그것"으로 우리 주님의 열매를 맺고 있다는 것을 알게 되는 것입니다. 그럼으로 "예수 그리스도께서 너희 안에 계신 줄을 너희가 스스로 알지 못하느냐?"고 묻는 이 말씀은, 우리가 그리스도 안에 살며 그리스도께서 우리 안에 살고 계심을 우리에게 가르쳐 주시는 말씀으로서 실로, 참 포도나무 비유의 말씀과 같은 말씀으로 보아야 하는 것입니다.

그럼으로써 그와 같은 우리는, 주님을 떠나서는 살 수 없는 참 포도나무에 붙어사는 우리 주 예수 그리스도의 인생들이라는 것을 알아야 하는 것입니다. 그러한 인생들이 참 포도나무에 붙어 있으면서 포도나무를 따라 극상품의 참 포도열매를 맺는 가지들이라는 것을 말입니다.

그럼에도 불구하고 주님께 붙어 있으면서(즉, 주님을 믿는다고 하면서도, "엡2:8-10; 구원 받은 후에 오는 선한 행위"를 롬4:5; 구원 받기 전, 행위적인 믿음으로 알고 "하나님의 은총 안에 거하여 살지 아니하고" 히6:4-6; 성령 체험주의자들과 같이 타락하여 마7:21-23; 주여, 주여, 하는 자들과 같이 육체의 욕심을 따라 삶으로써) 열매를 맺지 못한 가지를 아버지께서는 모조리 쳐내신다!! 하신 말씀을 주님의 제자로서 12제자들 가운데 살면서도 돈궤에서 돈을 훔치며 자신의 스승인 예수님을 은화 30개에 판 가룟 유다와 같이, 저들도 우리들 가운데 살면서 참 포도나무 비유를 통하여 보고 들었으면서도 위에서 말한 바와 같이 그리스도를 믿는 믿음에서 떠나 육적인 소욕에 얽매여 소경과 귀머거리가 되어 보지도 못하고 듣지도 못하는 그와 같은 사람들이 있는 것입니다.

"너희가 믿음에 있는가? 너희 자신을 시험하고 너희 자신을 확증하라." 사도 바울을 통해 하신 말씀 또한 참 포도나무 비유와 같은 약속의 말씀이지만 저들과 같은 사람이 있어 오늘날도 그 말씀을 깨닫지 못하는 사람들이 많은 것입니다.

그렇기 때문에 엮은이가 바라는 것은 주님께서 제자들에게 요한복음 15장을 통하여 참 포도나무 비유를 들어 엄중하게 가르쳐 주신 말씀을 새롭게 시작하는 마음으로 보고 들음으로써 여러분 모두가 깨달아 성령님을 따라 많은 열매를 맺기 바라는 것입니다.

그러므로 계속하여 열리는 주님의 말씀을 예를 들어 "이스라엘 백성들에게 '너는 이스라엘 자손들에게 이렇게 일러 주어라. 나는 여호와이다. 내가 너희를 이집트 사람들의 노예 생활에서 해방시켜 너희를 내 백성으로 삼고 나는 너희 하나님이 될 것이다. 그러면 너희는 내가 이집트 사람들의 노예 생활에서 구출한 너희 하나님 여호와임을 알게 될 것이다. 내가 아브라함과 이삭과 야곱에게 약속한 가나안

땅으로 인도하여 그 땅을 너희에게 주어 너희 소유가 되게 하겠다. 나는 여호와이다.' 하시며 모세를 통해 전하신 것"(출6:6-9; 현대인의 성경)과 같이 우리를 통하여 "하나님께서 하시는 말씀으로 알고 들음"으로써 그와 같이 알고 듣는 여러분 속에서 주님께서 힘 있게 일하시기를 바라는 것입니다.

그러므로 다시 시작합니다.

요한복음 15장 2절 말씀부터 출발합니다.

"나에게 붙어 있으면서 열매를 맺지 못하는 가지"는 어떤 가지를 두고 하시는 말씀일까요?

'옥스퍼드원어성경대전'에서는 그 가지에 대하여 이렇게 말합니다.

첫째, 그들은 구약시대에 구속사의 주역으로 부름 받은 하나님의 포도나무였다고 말합니다. 그들은 불행하게도 그들 가운데 오신 예수님을 거부함으로써 열매를 내지 못하는 무익한 가지처럼 되어 버리고 말았다고 말입니다.

그와 같이 하나님께서는 예수님을 거부한 그들을 조금도 긍휼히 여기지 않으셨다고 하면서 바울의 기록 가운데도 잘 드러나듯이 **하나님이 원가지들도 아끼지 아니하였은즉**(롬11:21) "그들은 아브라함의 혈통을 가진 자신들에게만 하나님의 약속에 참예할 자격이 있다고 생각하였으나 사실은 전혀 달랐다."고 말하는 것입니다. 그러면서 "아브라함과 함께 복을 받을 진정한 후사는 표면적 유대인이 아니라 이면적 유대인, 곧 예수를 믿는 사람들뿐이었던 것이다."(갈3:7,9)라고 말합니다.

둘째는 "표면적 그리스도인, 곧 행함이 없는 성도들이라고 볼 수 있다는 것"입니다. "그들은 스스로 예수 안에 있다고 여기고 믿음이 있음을 자랑하면서 **행함이 없는 이들은 실상 믿음이 없는 자**이며,(약 2:26) 하나님의 약속에 참여하지 못한다고 하면서 믿음은 행함을 통해서만 증거된다고 말합니다. 입술의 고백은 믿음의 잣대가 될 수 없다고 말하면서 말만하고 도무지 행치 않는 유대인의 지도자들에 대해 예수께서는 마귀의 자식들이며(요8:4) 지옥의 판결을 피하지 못한다고 경고하셨다."(마23:33)고 말합니다. 그러므로 "예수를 거부한 유대인들과 마찬가지로 말만 하고 행치 아니하는 그리스도인들 또한 하나님의 약속에서 제외된다."고 말하고 있습니다.

엮은이도 그 해석의 말씀에 전적으로 동의합니다.

왜냐하면 "나에게 붙어 있으면서 열매를 맺지 못하는 가지"는 오늘날도 마찬가지로 예수님을 믿는다고 말하는 교회 안에 모든 사람들(목사, 강도사, 장로, 전도사, 권사, 집사, 교사, 교인, 천주교, 정교회 등 가릴 것 없이)을 지칭하고 있는 것이기 때문입니다. 그렇기 때문에 교회의 머리이시며 그분의 몸인 교회에 각 사람이 주님의 지체로 있으면서 하나님께서 뜻하시는 열매를 맺지 못하는(하나님의 은총 가운데 계속 살지 않는) 그러한 사람들을 두고 하시는 말씀인 것입니다. 아버지께서는 그런 가지들을 모조리 쳐내신다고 하신 것(롬11:22; 여러분도 잘리게 될 것입니다)입니다.

주님께서 이렇게까지 준엄한 심판의 말씀으로 우리에게 초 강력하게 선포하셨는데도 주님께 붙어 있다고 하면서도 아직도 열매를 맺지 못하는(하나님의 은총 가운데 거하지 않는) 교회와 사람들이 있는 것입니다.

"그렇다면 우리에게 교회는 무엇이며 어떠한 곳입니까?"

주님께서는 사도 바울로 말씀하셨습니다.

"하나님께서는 만물을 그리스도의 발아래 굴복시키셨으며 그분을 교회에 머리로 삼으셔서 모든 것을 지배하게 하셨습니다. '교회는 그리스도의 몸'이며 만물을 완성하시는 분의 계획이 그 안에서 완전히 이루어집니다."(엡1:23; 공동번역) 하신 것입니다. 이와 같이 교회는 그리스도의 몸이며 그리스도의 피로 씻음 받아 양심이 깨끗해진 사람들이 모여 있는 거룩한 곳으로서 하나님의 계획이 이루어지는 곳입니다. 그러므로 교회는 다음과 같이 **"우리는 사랑 가운데서 진리대로 살면서 여러 면에서 자라나, '머리이신 그리스도'와 '한 몸'이 되어야 합니다."**(엡4:15) 하심으로써 우리가 진실로 그리스도의 몸이요, 다 함께 모인 우리가 그분의 교회로서 그리고 각 사람이 그분의 지체요, 교인으로서 서로가 어떻게 생활을 해야 성령의 열매를 맺으며 살 수 있는가를 우리의 몸을 비유를 들어 아래와 같이 말씀하심으로써 그리스도의 몸으로서 모여 있는 교회가 그리스도의 지체로서 한 사람 한 사람인 교인들과 함께 반드시 해야 할 하나님의 일을 제시하고 있는 것입니다.

여러분은 아래의 말씀을 마음을 집중하여 읽어 보시기를 바랍니다.

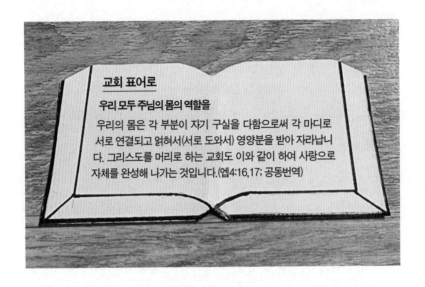

"우리의 몸은 각 부분이 자기 구실을 다함으로써 각 마디로 서로 연결되고 얽혀서(도와서) 영양분을 받아 자라납니다. '그리스도를 머리로 하는 교회'도 '이와 같이'하여 '사랑으로 자체를 완성해 나가는 것'입니다."(엡4:16,17; 공동번역)라고 우리에게 선포하고 있는 것입니다.

이와 같이 교회는 여러분들이 모여 있는 장소와 건축물이 진짜 교회가 아닌 것입니다. 여러분들이 모여 예배드리는 교회의 건축물은 건축물일 뿐인 것이요, 여러분들이 모여서 예배드리는 그러한 장소는 예배를 드리기 위해 건축물 안에 마련한 한 장소일 뿐인 것입니다.

왜냐하면 하나님의 은혜와 능력이 충만하였으며 천사의 얼굴과 같았던 우리의 스데반 집사로 하여금 하나님께서 말씀하셨습니다.

"가장 높으신 하나님은 '사람의 손으로 지은 집'에서는 (우상이든지, 교회성전이든지 또는 신전이든지) 사시지 않습니다."

"그것은 예언자가 이렇게 말하는 것과 같습니다."

"주께서 말씀하신다."(마5:34,35; 하늘을 두고도 맹세하지 말아라. "하늘은 하나님의 보좌이다." 땅을 두고도 맹세하지 말아라. "땅은 하나님의 발판이다." 예수님의 말씀과 같이)

"하늘은 **내 보좌**이며 땅은 **내 발판**이다."

"너희가 나를 위해 무슨 집을 지을 수 있겠느냐?"

"어느 곳이 내 안식처가 되겠느냐?"

"내가 이 모든 것을 만들지 않았느냐?"(행7:48-50; 현대인의 성경) 말씀하신 것입니다. 이와 같이 여러분들이 지구와 우주를 통틀어 하나님의 집을 짓지 않는 한, 하나님께서 거하실 집을 우리는 짓지 못하는 것입니다. 그렇기 때문에 여러분들이 모여서 예배드리는 장소로서 사람들이 그곳을 명칭상 교회라고 부르고 있는 것이지 진정한 교회는 아닌 것입니다.

그러므로 성경에서 말씀하고 있는 진정한 교회는 "하나님께서 세우신 여러분들이 진정한 교회인 것"입니다.

왜냐하면 하나님께서 한 건축물 안에 여러분들이 모여 있다고 해서 그러한 건축물을 보시고 그 건축물을 그리스도에게 접붙이신 것이 아니라 "여러분의 믿음을 보시고 여러분 한 사람 한 사람을 그리스도에게 접붙이셨기 때문"입니다.

그렇기 때문에 하나님께서 세우신 진정한 교회는 **"여러분은 믿음으로 접붙여 졌으니"**(롬11:20)라는 말씀과 같이 여러분들이 예수 그리스도를 참으로 믿음으로써 그리스도에게 접붙여진 것입니다. 그와 같이 그리스도에게 접붙여진 여러분 한 사람, 한 사람이 그리스도 몸의 각 지체로서(고전12:27; 현대인의 성경) 그리스도와 한 몸을 이루고 있는(롬12:5) 여러분들이 그리스도의 몸이요, 그분의 지체로서 "여러분 모두가 진정한 교회인 것"입니다. 그래서 하나님께서 여러분들이 모여 있는 "건축물"을 보고 "교회는 그의 몸이니"라고 말씀하신 것이 아니라 **"예수 그리스도를 믿는 여러분"**을 보고 **"교회는 그의 몸이니"**(엡1:23)라고 말씀하신 것입니다.

이와 같이 여러분 한 사람 한 사람이 그리스도의 교회요, 존귀한 그분의 몸으로서 "여러분 자신이 '하나님의 성전인 것'이며 그분의 성전으로서 하나님의 성령께서 자신(너희) 안에 살아 계시다는 것을 모르십니까?"(고전3:16) 하고 고린도후서 13장 5절의 말씀처럼 주님은 지금 사도 바울을 통해 여러분에게 물어보고 있는 것입니다.

그렇기 때문에 하나님께서 사도 바울을 통해 "누구든지 하나님의 성전을 더럽히면? 하나님이 '교회 건축물을 파괴하시는 것'이 아니라 '그 사람'을 멸하시리라."(고전3:17) 말씀하신 것입니다. 그 이유는 **"하나님의 성전은 거룩하며 '여러분 자신'이 바로, '하나님의 성전'이기**

때문입니다."(고전3:17; 공동번역)라고 말씀하고 있는 것입니다.

　이와 같이 에베소교회와 고린도 교회에 말씀하심과 같이 교회로 모인 여러분들이 진짜 교회로서 서로가 해야 할 일에 대하여 말씀하셨는데도 불구하고 우리가 주님의 몸 된 교회로서 서로의 역할이 그만큼 중요한데도 형제끼리 서로 돕고 사랑함으로써 그리스도의 몸을 세우는 **"주님의 몸의 역할"**을 대부분 하지 못하고 있는 것입니다.

　"그만큼 우리가 주님의 몸 안에 있는 자들로서 각 사람이 자기 구실을 다함으로써(서로 사랑함으로써) 각 마디로 서로 연결되고 얽혀서(도와서) 영양분을 받아 자라나야(사랑으로 자체를 완성해 나가야) 하는데도 그렇게 하지 못하고 있는 것입니다."

　"서로에게 그와 같이 행하지 않는 것이 마태복음 25장에서와 같이 그리스도의 형제로 주님의 몸에 붙어 있으면서 하나님의 은총 가운데 거하지 않고, 악인들과 같이 행함으로써 **'열매를 맺지 못하는**(잘리게 되는) **그와 같은 가지'**인 줄도 모르고 있는 것입니다."

　그런 가지는(롬11:22; 그렇지 않을 때에는 여러분도 잘리게 될 것입니다) "아버지께서 모조리 쳐내시는 것"이건만 그리고 또한 그런 가지들이 '옥스퍼드원어성경'의 해석처럼 "하나님의 약속에서 제외되는 것"이건만 제외되는 줄도 모르고 있는 사람들이 허다한 것입니다.

　그렇기 때문에 주님의 일을 행함에 있어서도 하나님을 알지 못함으로 말미암아 그분을 경외하는 마음이 없음으로 인하여 두렵고 떨리는 마음이 없기 때문에 하나님의 일을 있는 그대로 하지 못하고 있는 것입니다.

그러나 만일 여러분들이 "이와 같은 사실을 확실하게 알았다면," 여러분 안에서 일하시는 성령님을 따라 두렵고 떨리는 마음으로 여러분의 구원을 이루어(빌2:12) 가지 않을까요?

4) 아버지께서 열매를 맺는 가지는
열매를 더 많이 맺게 하려고 깨끗이 손질하신다

지금은 우리가 아주 멀고 먼 형제를 대하듯이 그런 관심의 사랑을 하고 있지만 말입니다. 그러나 지금의 잠에서 깨어나 여러분들이 주님의 뜻하시는 열매를 맺는다면, "아버지께서 열매를 맺는 가지는 열매를 더 많이 맺게 하려고 깨끗이 손질하신다."고 하신 것입니다. 그렇다면 더 많은 열매를 맺도록 아버지께서 깨끗이 손질하는 가지는 어떤 가지이며 그 열매는 어떻게 맺어야 맺어지는 열매일까요?

그것을 아래의 구절로 주님은 말씀하고 있습니다.

"너희는 내가 너희에게 일러준 말로(공동번역; 교훈을 받아 곧 예수 그리스도를 믿음으로) 이미 깨끗해졌으니"(요15:3; 현대인의 성경)라는 말씀인 것입니다. 그 말씀은 제자들에게 하시는 말씀으로써 하나님 아버지께서 예수님을 통해 하늘나라 복음을 가르치심으로써 예수님은 세상 죄를 없애시는 하나님의 어린 양이시며 또한 하나님의 아들이심(요

1:36, 마3:17)과 그리스도이심(마16:16)과 성자 하나님이심을(요1:1) 주님의 제자들이 마음에 믿음으로써 아들의 음성을 듣는 자는 살아나리라(요5:25)는 말씀과 같이 살아난 가지들임을 말씀하시는 것입니다.

우리 주 예수 그리스도를 믿는 우리도 마찬가지인 것입니다.

그러므로 예수님을 마음에 믿음으로써 살아난 가지들은 주님의 제자들과 같이 말씀에 순종함으로 주님을 따라 하나님의 일을 하게 되어 있는 것입니다. 그것은 예수님을 마음에 믿음으로 말미암아 "우리가 이미 마음에 피 뿌림을 받아 악한 양심이 깨끗해졌고 우리의 몸을 맑은 물로 씻었으니,"(히10:22; 현대인의 성경) 말씀과 같이 (공동번역; 그리스도의 피가 뿌려져서 나쁜 마음씨가 없어지고 몸은 맑은 물로 씻겨 깨끗해졌으니) 살아난, 거듭난 가지들로서 우리의 믿음을 보시고 보내신 성령님으로 말미암아 "그리스도께서 부어 주신 성령은 여러분에게 모든 것을 가르쳐주십니다. 그리고 그분은 진실하셔서 거짓말을 하지 않습니다. 여러분은 그 성령께서 가르쳐 주신 대로 그리스도와 함께 살아가십시오."(요일2:27; 공동번역) 하심과 같이 우리가 그리스도 안에서 그분의 말씀에 순종하며 삶으로 인하여 우리 안에 계신 성령님의 의하여 우리가 주님의 일을 함으로써 열매가 맺어지는 것이기 때문입니다. 그렇기 때문에 그와 같이 성령님을 따라 하나님의 일을 실천하는 사람을 보고 예수님께서 말씀하신 바와 같이 "하나님께서 열매를 맺는 가지는(롬11:22; 현대인의 성경; 여러분이 '계속 하나님의 은총 가운데 살면' 여러분에게 자비를 베푸실 것입니다. 말씀과 같이) 열매를 더 많이 맺게 하려고 깨끗이 손질하신다."고 말씀하시는 것입니다.

그러므로 말씀과 같이 열매 맺는 사람은 예수님을 참으로 영접한 사람으로서 주님의 가르치심을 받아 깨달아 알고 그 말씀을 실천(순종)함으로써 열매를 맺는 가지임을 우리는 알 수가 있는 것입니다. 우리가 그런 가지들로서 주님께서는 '개역성경'의 번역과 같이 "너희는 내가 일러준 말로(예수님께서 전하는 복음 전도를 받고 예수님이 그리스도이심을 믿고 말씀에 순종함으로써) 이미 깨끗하였으니"라고 말씀하신 것처럼 "이미 깨끗해진 존재들로서"(엡5:26,27; 현대인의 성경; 그리스도께서 그렇게 하신 것은〈자신을 받치신 것은〉교회를 물로 씻고 말씀으로 깨끗하게 하여 거룩하게 하시고, 얼룩이나 주름이나 그 밖에 결점이 없이 거룩하고 흠이 없는 영광스런 교회로〈마25:34; 그 오른편에 있는 사람들로〉자기 앞에 세우기 위한 것입니다.) 하나님의 선한 일을 함으로 말미암아 아버지께서 그와 같은 가지에 대하여 "무릇 과실을 맺는 가지는(계속 하나님의 은총 가운데서 행하는 가지는) 더 과실을 맺게 하려 하여 (자비를 베푸실 것입니다) 이를 깨끗케 하시느니라."라고 말씀하고 있는 것입니다. 그러므로 이와 같이 "우리가 이미 마음에 피 뿌림을 받아 악한 양심이 깨끗해진 사람들로서"(히10:22) 열매를 많이 맺으려면 교회로써 모인 우리가 오직 마음을 새롭게 함으로 변화를 받아 하나님의 선하시고 기뻐하시고 완전하신 뜻이 무엇인지를 알아야 하는 것이며 그리고 또한 자신의 몸을 하나님이 기뻐하시는 거룩한 산 제물로 드리는 진정한 영적 생활을 하는 사람으로서(롬12:1,2) 성령님을 거역하지 않고 그분을 따

라 사는 그런 거룩한 사람들이 모이는 참된 교회가 되어야 하는 것입니다. (엡5:25-27)

왜냐하면 마음을 새롭게 함으로 변화를 받아 성령님을 따라 사는 사람들이 아니고서는 우리에게 예수님께서 "참 포도나무 비유"를 들어 말씀하신 그 열매를 맺을 수가 없기 때문인 것입니다.

그러므로 참 포도나무 비유는 **"우리가 예수님 안에, 거룩하신 예수님께서 우리 안에 함께 계셔서 주님 자신의 일을 하시는 것"**임을 우리는 알아야 하는 것입니다.

그렇기 때문에 그러하신 주님께서 우리와 함께 하시기 위해서는 "우리가 하나님의 성전으로서 우리의 몸과 마음은 항상 깨끗해야 함은 필수적인 요소인 것"(고전3:17)입니다.

5) 자신이 하나님 안에 하나님께서 그 사람 안에

이와 같이 우리가 예수님을 마음에 믿음으로 말미암아 거듭난 거룩한 주님의 자녀들로서 주님께서는 아래와 같이 예수님은 참 포도나무이고 우리는 가지들로서 그 비유를 들어 말씀하시고 있는 것입니다.

잘 읽어 보고 많은 깨달음이 있기를 바랍니다.

"나는 포도나무이고 너희는 가지이다. 사람이 내 안에 살고 내가 그 사람 안에 살면 그는 많은 열매를 맺는다. 나를 떠나서는 너희가 아무 것도 할 수 없다."라고 말씀하신 것입니다. 그 말씀은 예수님은 참 포도나무이시고 우리는 가지로서, 찬양으로 부르는 일상 노래와 같이 우리 많은 사람이 영적으로 그리스도와 한 몸으로 연합하여 주님의 몸으로 주님께서 베푸신 일과 그분의 사랑 가운데 살고 있음을 나타내고 있는 말씀인 것입니다.

이와 같이 우리는 주님의 참 포도나무에 붙어 있는 주님의 몸의 가지로서 주님으로부터 오는 영양분을 공급을 받아 주님을 따라 주님의 일을 함으로써 주님의 뜻하시는 열매를 맺게 되는 것입니다.

그러기 때문에 예수님의 몸에 붙어 있으면서 열매를 맺지 못하는 믿음 안에 있지 않는 불신앙의 가지를(마13:19-22; 길가에, 돌밭에, 가시덤불 속에 떨어진 씨의 비유와 같이) 하나님께서 그분의 포도나무로부터 잘라 내어 버리는 것은(요15:2) 당연한 것입니다.

그러므로 그와 같은 뜻의 말씀으로 참 포도나무 비유를 들어 주님께서 말씀하셨다시피 하나님께서 열매 맺지 못하는 가지를 잘라 내어 버리신다고 하신 말씀은 바로, 아래와 같이 말씀을 거역하는 사람들을 두고 하신 말씀인 것입니다.

그것은 많은 사람들이 예수님과 연합했다고 말은 하면서도 세상 근심 걱정에 얽매여 살아감으로써 지금의 세상일이 다(끝)인 것처럼 온 힘을 그곳에 집중하여 쏟아부으면서도 영원한 생명으로 살 수 있는 그와 같은 하나님의 일에는 관심도 두지 않으며 하나님의 일에 참여하는 것같이 예배와 예식에는 입술로 참여하면서도 마음은 주님에게서 멀리 떠나 주님을 헛되이 경배하는 그와 같은 사람들로서(마 15:7-9) "자신의 잇속만 챙기는 그런, 형식적인 사람들"이 교회로 모인 우리 안에 있음을 나타내고 있는 말씀인 것입니다.

그렇기 때문에 그런 가지는 포도나무에는 붙어 있지만 세상 걱정과 재물에 대한 유혹과 그 밖에 욕심이 들어와서 마음에 가득 차 있어서 **"그것들이 말씀을 가로막아"** 말씀을 들어도 그 말씀이 무슨 말씀인지를 깨닫지 못함으로써 열매 맺지 못하는 것(막4:19)입니다. 그러므로 이와 같은 사람들은 포도나무에는 붙어 있지만 가지가 말라 있어서 교회를 다니더라도 하나님의 선한 일과 형제를 사랑하는 일을 할 수 없는 그리스도 안에 속하지 않은 사람들이라는 것을 여러분들은 알아야만 하는 것입니다.

그러나 우리는 다른 것입니다. 왜냐하면 우리가 농부가 원하는 열매를 맺게 되는 것은? 가지가 참 포도나무에 붙어 있어서 포도나무로부터 오는 영양분을 받아 그 말씀에 순종함으로 그 포도나무를 따라 포도나무의 일을 함으로써 농부가 바라는 극상품의 참 포도열매를 맺게 되는 것이기 때문입니다.

그것은 우리에 대한 비유로서 우리가 그리스도 안에 참으로 거함으로써 그리스도로부터 오는 자비와 사랑과 믿음과 지식과 절제와 인내와 경건과 형제끼리 사랑하는 것과 지혜와 지식의 온갖 보화들을 받아 그것들로 우리 안에 계셔서 힘 있게 일하시는 성령님을 따라 우리가 최선을 다해 힘써 일을 함으로써 하나님께서 뜻하시는 아름다운 열매를 맺는 것이기 때문입니다.

그렇기 때문에 예수님의 참 포도나무 비유에 대한 말씀은? 형제가 예수님을 확실하게 믿음으로써 그리스도께서 형제 안에 계심으로 말미암아 **"주님께서 형제 안에서 주님의 일을 하시는 것임"**을 여러분들은 알아야 하는 것입니다. 그러므로 말미암아 성령님께서 형제 안에 계시면서 주님 자신의 일을 몸소 하심으로써 형제가 형제 안에서 일하시는 분을 따라 최선을 다해 힘써 일을 함으로써 하나님의 원하시는 열매를 많이 맺게 된다는 것을 말씀하고 있는 것입니다.

왜냐하면 "나를 떠나서는 너희가 아무것도 할 수 없다."라고 말씀하셨기 때문인 것입니다. 이와 같이 누구든지 "믿음 안에 살지 않고서는 하나님을 기쁘시게 하는 열매를 맺을 수가 없는 것"입니다.

그러므로 예수님의 그 비유의 말씀은? 예수님을 영접했다고 하는 사람들에게는 대단히 중요한 말씀인 것입니다.

왜냐하면 **참 포도나무 비유의 말씀은?** 마찬가지로 예수 그리스도를 확실하게 마음에 믿음으로써 성령님께서 믿는 사람들 안에 들어오셔서 일하심으로 말미암아 주님을 믿는 사람들이 성령님의 일하심을 따라 최선을 다해 힘써 일을 함으로써 하나님의 원하시는 열매를 맺고 있는 것이기 때문입니다.

그런 사람이 주님 안에 거하는 사람으로서 하나님의 뜻을 따라 일하는 사람인 것이며, 교회를 다니더라도 아무런 성령의 열매를 맺지 못하고 있는 사람은 미안하지만 어떤 이유에서든 믿음 안에(하나님의 인자하심에) 거하지 않는, 믿음을 떠난 가지들로서(마13:19-22) 그와 같은 가지들은 포도나무에서 농부가 잘라 버리게 되는 대상이 되는 가지들(롬11:22)로서 예수님을 떠나 밖에 거하고 있는 사람인 것입니다.

이와 같이 우리가 **"주님 안에"** 거하고 있는지 **"주님 밖에"** 거하고 있는지는 우리 자신이 맺고 있는 열매를 보면 자세히 알 수가 있는 것입니다.

그 열매는(현대인의 성경; 요15:5; 사람이 내 안에 살고 내가 그 사람 안에 살면 그는 많은 열매를 맺는다. 라고 말씀하신 것처럼 주님의 의하여 좋은 열매를 맺고 있는 나무인지 아니면 마7:16; 열매를 보고 나무를 아는 것처럼 그들의 행동을 보고 진짜 예언자인지 가짜 예언자인지 알 수 있다. 라고 말씀하신 것처럼 자신의 욕심에 의하여 나쁜 열매를 맺고 있는 나무인지는 "그들" 곧 우리 자신의 행동을 보면 알 수 있다. 라고 말씀하신 것입니다. 이와 같이) 주님께서 우리와 함께하지 않으시면(현대인의 성경; 요15:5; 나를 떠나서는 너희가 아무것도 할 수 없다.) 우리 스스로는 절대로 하나님을 기쁘시게 하는 주님의 의한 좋은 열매를(마7:19; 좋은 열매를 맺지 않는 나무는 찍혀서 불 속에 던져진다는 나무와 같이) 우리는 맺을 수 없기 때문인 것입니다.

그러나 성령님께서 우리 안에 계신다면 그것은 달라지는 것입니다.

왜냐하면 그것은 성령님께서 우리 안에 계셔서 우리 속에서 힘 있게 일하심으로써 우리가 우리 속에서 일하시는 분의 능력으로 일을 함으로 말미암아 그분의 열매를 맺게 되는 것이기 때문인 것입니다. 그러기 때문에 "예수님께서 우리 안에 우리가 그리스도 예수님 안에" "거하지 않는다면" 성령 하나님께서 우리 안에서 일을 하실 수가 없기 때문에 절대로 그분의 열매를 우리는 맺을 수가 없는 것입니다.

그러므로 정말, 우리가 알아야 할 것은 이것으로 우리가 참 포도나무에 붙어 있는 가지인지 아니면 예수님을 믿는 믿음에서 떠난 가지인지도 알게 되는 것입니다. 그것은 "우리가 '하나님의 아들 예수 그리스도의 이름'을 '믿고' 예수님께서 명령하신대로 **'서로 사랑하는 것'**이 하나님의 계명을 지키는 것입니다." 하는 것이며 이와 같이 "하나님의 계명을 지키는 사람은 하나님 안에서 살고 하나님께서도 그 사람 안에 계십니다."(요일3:23,24; 현대인의 성경)라고 말씀하고 있기 때문입니다.

그것은 사도 바울 속에서 성령 하나님께서 일하심과 같은 것입니다. **"나는 내 속에서 힘 있게 일하시는 분의 능력으로 최선을 다해 힘써 일하고 있습니다."**(골1:29; 현대인의 성경)

이와 같이 그분의 능력으로 말미암아 하나님의 계명을 지키는 사람은 열매를 맺고 있는 사람으로서 자신이 하나님 안에(하나님의 뜻을 행하며) 살고 있다는 것을 나타내고 있는 것이며 하나님께서도 그 사람 안에(빌2:13; 현대인의 성경; 자발적으로 행동하도록 그 사람 안에서 일하고) 계신다는 것을 성령님을 통해 증거하고 있는 것(요일3:24)입니다.

6) 그 증거는 사도 바울이 예수님을 영접한 후에

그 증거는 "죄인 중에 내가 괴수니라"(딤전1:15)고 한 바울이 예수님을 영접한 후에, 성령 하나님의 능력으로 최선을 다해 힘써 일한 것을 보면 그가 자신 안에 계신 분의 능력으로 거짓복음을 전파했다거나 거짓 증거를 했다거나 거짓말을 했다거나 하지 않은 것이며, 자기의 것이 아닌 것을 어떠한 방법으로도 속여 탈취했다거나 빼앗았다거나 하는 일도 없었던 것이며, 아무에게도 나쁜 짓을 하였다거나 하지 않은 것이며, 그 누구를 미워하여 살인하였다거나 하지 않은 것이며, 어떠한 사람이라도 바울은 전과 같이 종교가 다르다하여 핍박을 하였다거나 감옥에 가두었다거나 해치는 일을 하지 않았다는 것입니다.

왜냐하면 그런 일들은 성령 하나님께서 하시는 일도 아니요, 마귀가 하는 일들이기 때문입니다. (엡2:2; 현대인의 성경; 이 마귀는 현재 불순종하는 사람들 가운데서 활동하는 영입니다.)

그리고 또한 그런 것들은 땅에 속한 것들이요, 성령 하나님은 거룩함 자체이시므로 그런 일들을 전혀 하실 수가 없는(히6:18; 거짓말을 하실 수 없는 분이시며 요일1:5; 어두움이 전혀 없는 분) 분이시기 때문인 것입니다.

그렇기 때문에 사도 바울은 그러하신 분으로 인하여 그분을 따라 그분의 능력으로 최선을 다해 일함으로써 사람으로 구원에 이르게 하는 하나님의 복음 곧 기쁜 소식을 전파하며, 많은 사람을 죽음으로부터 구하고, 생명을 살리며, 몸과 마음의 병든 자를 고치고, 넘어진 자를 일으키며, 잘못된 행동들을 책망하여 돌이키게 하고, 정의와 자비와 선과 기쁨을 주며, 예루살렘의 식구들과 모든 믿음의 식구들을 격려하고, 그리스도 예수를 믿는 사람들로 하늘의 소망을 두게 하며, 자신의 몸에 예수님의 남은 고난을 채움으로써 그와 같이 그의 몸에는 예수님의 흔적을 가졌으면서도 인내하며, 형제들을 바로 잡아 세우며, 참 복음을 가르치고, 형제들과 이웃에게 하나님의 사랑을 실천하게 함으로써 사랑은 율법의 완성이라는 기쁜 소식을 전파함으로써 그리스도의 몸을 온전하게 세우게 하는 등, 그 밖에 수많은 일들을 그가 함으로써 사도 바울은 자신의 속에서 힘 있게 일하시는 분의 능력으로 최선을 다해 그와 같이 그분을 따라 하나님의 일을 하였다고 그는 전하고 있는 것입니다. 이와 같이 하나님께서는 사도 바울 안에서 사도 바울을 통해(행14:8-10; 현대인의 성경; 루스드라에는 태어날 때부터 앉은뱅이여서 전혀 걷지 못하는 사람이 있었는데 그에게 고침 받을 만한 믿음이 있는 것을 보고 그 앉은뱅이를 일으키심과 같이, 골1:29; 공동번역; 나는 내 안에서 강하게 활동하시는 그리스도를 힘입어 애써 노력하고 있습니다. 하는 바울의 고백처럼 그리고 고후5:20; 현대인의 성경; 하나님은 우리를 통해 여러분에게 말씀하고 계시는 것입니다. 하신 것처럼) 일하고 계셨던 것입니다.

이처럼 성령 하나님께서 사도 바울 속에서 사도 바울을 통해 일하심과 같이 그분께서 우리 안에 계셔서 우리 안에서도 힘 있게 일을 하심으로써 우리가 우리 속에서 일하시는 분의 능력으로 마음을 다하고 힘을 다하여 열심히 일을 함으로써 우리가 하나님 안에 하나님께서 우리 안에 계심을 우리는 하나님이 우리에게 주신 성령님을 통하여 알게 된다고(요일3:24; 현대인의 성경) 사도 요한은 경에 기록하여 전하고 있는 것입니다.

그렇습니다. 그것은 확실한 것입니다.

그러므로 그와 같이 그분을 따라 일하고 있는 우리는 그와 같이 행함으로 말미암아 예수님을 믿는 우리가 확실하게 예수 그리스도를 믿고 있다는 것을 "의를 행하는 그 일이" 증명해 주고 있는 것이요, 하나님의 자녀임이 확실하다는 것을(요일2:29; "의롭게 사는 사람들이" "모두" "그분의 자녀들이라는 것"을 잊지 마십시오. 말씀과 같이) 말씀해 주고 있는 것입니다.

7) 하나님께서 내 안에서 일하시고
   내가 하나님의 뜻을 따라 일함으로써

이와 같이 믿음의 내적증거가 되는 참 포도나무 비유에 대한 말씀을 여러분에게 이해가 가도록 핵심만 간략하게 설명한다면, "예수 그리스도를 영접한 우리 많은 사람이 주님과 연합함으로 말미암아 그리스도와 한 몸이 됨으로써 주님께서 보내신 분의 능력으로 우리가 그분의 뜻을 따라 '하나님의 일을 함'으로써 비로소 우리 자신이 '주님의 뜻하시는 일을 실천하는 것'으로 보아서, **하나님께서 내 안에**(하나

님께서 내 안에서 일하시고) 계심과 **내가 하나님 안에**(하나님께서 내
안에서 일하심을 따라 내가 그분의 뜻대로〈분부하신 대로〉 일함으로
써 내가 하나님 안에) 살고 있음을 알 수 있습니다."라는 말씀인 것입
니다.

8) 예수님께서 빌립에게 말씀하시기를
"아버지께서 내 안에 계셔 그의 일을 하는 것이라."

  바로, 그와 같은 말씀에 대하여 예수님께서 예수님의 제자, 빌립에
게 하신 말씀을 들어 보면 참 포도나무 비유에 대한 해답을 우리는 찾
을 수가 있습니다. 잘 읽어 보고 깊은 깨달음이 있기를 바랍니다.

  요한복음 14장 7절에서 11절로 '현대인의 성경'의 말씀입니다.

  "너희가 나를 알았더라면 내 아버지도 알았을 것이다."

  "이제는 너희가 내 아버지를 알았고 또 보았다."

  빌립이 예수님께 "주님, 아버지를 우리에게 보여 주십시오. 그러면
더 이상 바랄 것이 없겠습니다."

  "빌립아, 내가 이렇게 오랫동안 너희와 함께 있었는데도 네가 나를
모르느냐? 나를 본 사람은 아버지를 본 것인데 어째서 아버지를 보여
달라고 하느냐?"

  "나는 아버지 안에 있고 아버지는 내 안에 계신 것을 네가 믿지 아

니하느냐?

'내가 너희에게 이르는 말'이 '스스로 하는 것'이 아니라 '아버지께서 내 안에 계셔 그의 일을 하는 것'이라."(요14:10) 말씀하시는 것입니다.

형제 여러분, 잠깐, 여기서 숨을 돌리시고 예수님께서 말씀하신 본 절의 말씀을 쫑긋 귀를 세워 다시 잘 들어보시기를 바랍니다.

주님의 그 말씀은? '공동번역 성서'의 말씀입니다.

"내가 너희에게 하는 말도 나(예수님 자신이) 스스로 하는 말이 아니라 아버지께서 내(예수님) 안에 계시면서 (아버지 자신이) 몸소 하시는 일이다."(요14:10) 하신 말씀인 것입니다. 다시 쉽게 설명하자면 "지금 내가 너희에게 이르는 이, 말도 내(예수님) 자신이 스스로 지어내어 하는 말이 아니라 '예수님 자신과 연합하여 예수님과 함께 계시는 아버지께서 예수님 속에서 예수님을 통해 아버지 자신이 자기의 일을 몸소 하시고 있음을 말씀하시는 것'입니다."

그래서 예수님께서는 "나는 아버지를 사랑하고 **아버지께서 분부하신대로 실천한다는 것**을 세상에 알려야 하겠다."(요14:31; 공동번역)고 말씀하신 것과 같이 예수님 속에서 예수님과 함께 계신 아버지께서 분부하신 대로 예수님께서 실천하고 계심을 말씀하는 것입니다.

그 예는 이렇습니다.

한 어느 회사에 아버지와 아들이 오랫동안 함께 같은 일을 하고 있었습니다. 그런데 아버지가 그만 사고로 세상을 떠나게 된 것입니다. 그래서 회사에서는 아버지가 하던 일이 아주 중대한 일이고 그 누구도 할 수 없는 일이고 해서 아버지와 함께 같은 일을 하였던 그 아버지의 아들에게 그 일을 맡기기로 결정하였습니다. 그래서 아버지의 아들은 자기 아버지가 하던 일을 맡아서 하게 되었는데 그는 "자신의 생각을 따라서 일하지 아니하고" "생전에 자기 아버지가 애써서 가르쳐 주신 대로" 그 일을 따라 일을 하였습니다. 그와 같이 일하는 그분의 아들을 보니, 그분의 아들이 일하는 것이나 풍기는 모습이 어쩌면 그렇게도 자신의 아버지가 생전에 일하는 모습, 그대로 속 빼닮았든지 다들 그만, 그 아들의 아버지가 일하는 줄로 착각할 정도였습니다. 그래서 그 아들의 아버지를 잘 아는 오너와 임직원과 사원들은 그분의 아들이 자기 아버지처럼 그 일을 똑같이 하는 것을 보고 놀라며 그 사람의 아들이 그와 같이 일하는 광경을 지켜보면서 하나같이 "와! 저 아들이 일하는 것을 보니 꼭, 저 아들의 아버지를 보는 것만 같네요!!" 하고 말하는 것이었습니다.

이와 같이 예수님께서 빌립에게 하신 그 말씀은 바로, 이 예화의 이야기와 비슷한 말씀으로 보면 예수님의 말씀을 이해하는 데 조금은 도움이 될 것입니다. 그래서 예수님께서는 자신의 제자 빌립에게 "빌립아, 나를 본 사람은 아버지를 본 것인데 어째서 아버지를 보여 달라고 하느냐?" 하신 것이었습니다.

이와 같이(마9:1-8; 현대인의 성경; 중풍병자를 고치심으로 사람들은 사람에게 이런 권능을 주신 하나님을 찬양함과 요3:2; 하나님이 함께하시지 않으면 선생님이 베푸시는 기적을 아무도 행할 수 없습니다. 하는 바리새파 사람 니고데모의 고백처럼 그리고 요5:30; 공동번역; 나는 무슨 일이나 내 마음대로 할 수 없고 그저 하나님께서 하라고 하시는 대로 심판할 뿐이다. 말씀하심과 같이 요14:10; 내가 아버지 안에 있고 아버지께서 내 안에 계시다는 것을 믿지 않느냐? 내가 너희에게 하는 말도 나 스스로 하는 말이 아니라 아버지께서 내 안에 계시면서 몸소 하시는 일이다. 말씀하신바와 같이) **예수님을 통해 예수님 속에서 하나님 아버지께서 자기의 일을 아버지 자신이 몸소 하고 계시는 일이심을 말씀하시는 것**입니다. 그래서 주님께서는 빌립에게 그와 같이 아버지께서 예수님과 함께 계셔서 예수님 안에서 예수님을 통해 너희에게 가르치시며 천국복음을 전하시고 백성들의 병을 고치시며(마4:23; 현대인의 성경; 예수님은 갈릴리 지방을 두루 다니시며 회당에서 가르치시고 하늘나라의 기쁜 소식을 전하셨다. 그리고 병든 사람들과 허약한 사람들을 모두 고쳐 주셨다.) 소경의 눈을 뜨게 하시고(요9:1-7) 귀신을 쫓아내시며(눅4:33-36) 여러 기적들을 일으키심을 통하여 많은 일들을 몸소 일하고 계셨음을 오랫동안 보여 주고 계셨는데 어째서 그것을 깨닫지 못하고 아버지를 보여 달라 하느냐? 하시는 말씀이셨던 것입니다.

그렇습니다.

"하나님은 우리를 통해 여러분에게 말씀하고 계시는 것입니다."(고후5:20; 현대인의 성경) 이와 같이 바울 안에 계신 하나님께서도 사도 바울을 통하여 말씀하시는 것입니다. 그리고 "너희가 우리에게 들은 바 하나님의 말씀을 받을 때에, 사람의 말로 아니하고 하나님의 말씀으로 받음이니 진실로 그러하도다. 이 말씀이 또한 너희 믿는 자 속에서 역사하느니라. (공동번역; 우리가 여러분에게 하나님의 말씀을 전했을 때에, 여러분이 그것을 사람의 말로 받아들이지 않고 '사실 그대로 하나님의 말씀으로 받아 들였다는 것'입니다. 이 하나님의 말씀은 믿는 여러분의 마음속에서 살아 움직이고 있습니다.)"(살전2:13) 하는 것처럼 하나님께서는 사도들을 통해 말씀하고 계신 것입니다.

이와 같이 사도들을 통해 하시는 말씀을 사실 그대로 주님께서 말씀하시는 것으로 받아들이고 믿음으로써 "하나님께서는 그와 같이 받아들이고 믿는 자 안에서도 일하시는 것"입니다. 또한 "이스라엘 사람들아, 이 일을 왜, 기이히 여기느냐? (사도들 안에서 하나님께서 행하신 일을) '우리 개인의 권능과 경건으로 이 사람을 걷게 한 것처럼' 왜, 우리를 주목하느냐?"(행3:12) 사도 베드로를 통해 말씀하신 것처럼 그리고 또한 "너희의 듣는 말은 내 말이 아니요(내가 스스로 지어낸 말이 아니요), 나를 보내신 아버지의 (아버지 자신이 몸소 하시는) 말씀이니라."(요14:24)고 말씀하신 예수님의 말씀처럼 하나님 아버지께서 예수님 안에서 예수님을 통해 일하고 계신 것이 확실한 것입니다.

그렇기 때문에 여기서 예수님의 이, 대화의 말씀을 우리는 더욱 잘 깨달아야만 하는 것입니다.

왜냐하면 예수님께서 빌립에게 하신 말씀의 결론은? (요7:17; 공동번역; 현대인의 성경; **하나님의 뜻을 실천하는 사람이면** 이것이 "하나님에게서 나온 가르침인지," 또는 "내가 마음대로 말한 것인지를 알 것이다."라는 말씀과 같이)예수님과 연합하여 계신 아버지께서 예수님과 함께 계시면서 예수님 안에서 예수님을 통해 아버지께서 자신의 일을 몸소 하고 있는 일인지, 아니면 (육적인 생각을 가지고) 예수님 자신이 스스로 지어내어 일하고 있는 일인지는 나타나는 그 일을 보면, 누가 보더라도 쉽게 알 수 있다고 말씀하고 있는 것이기 때문인 것입니다.

그렇기 때문에 예수님께서 빌립과 제자들에게 그리고 유대인들에게 "내가 아버지 안에 있고 아버지께서 내 안에 계심을 믿으라." "그렇지 못하겠거든 '**행하는 그 일**'을 인하여 나를 믿으라."(요14:11) 하시는 것이요.

"내가 만일 '아버지의 일을 하지 않으면 나를 믿지 않아도 좋다.' 그러나 내가 '아버지의 일을 하거든 나는 믿지 않을지라도 그 일만은 믿으라.' 그러면 너희가 '**아버지께서 내안에 계시고**(아버지께서 내 안에서 일하시고)' '**내가 아버지 안에 있는 것을**(내가 아버지께서 분부하신 대로 실천하는 것임을)' 확실히 알게 될 것이다."(요10:38; 현대인의 성경) 하시는 것입니다.

그러므로 주님께서 그와 같이 하신 말씀의 뜻을 정리하여 다시 말씀을 드린다면 그 말씀은 이런 말씀인 것입니다.

예수님 속에서 예수님을 통하여 하나님 아버지께서 일을 하신 것인지 아니면 속된 말로 하나님의 아들이신 예수님께서도 하나님을 알지 못하는 유대인들과 같이 예수님 속에서 예수님을 통하여 마귀가 일을 하고 있는 것인지는 나타나는 그 일을 보면 "예수님 안에 계신 아버지께서 주님 안에서 계시면서 분부하심으로 말미암아 아버지의 분부하신 대로 예수님께서 실천하고(아버지 자신이 예수님을 통해 몸소 일하고) 계신 것"임을 너희가(유대인이든, 율법학자든, 바리새인이든, 제자든지 간에 누구든지) 확실하게 알 수 있을 것이다.라는 것입니다. "이와 같이 하나님의 일을 하는 사람 안에서 하나님께서 함께하심으로 인하여 성령님의 의하여 하나님의 일을 하고 있다는 것을 누구든지 보면 알 수 있다."라는 그 말씀인 것입니다.

그러므로 우리는 예수님께서 이와 같이 말씀하신 것에 대하여, 바리새파 사람 니고데모와 예수님과 대화하는 중에서 그 말씀의 의미를 찾을 수가 있습니다.

이스라엘의 선생인 그는 예수님께서 날마다 하나님의 일하심을 보았습니다. 그래서 그는 밤중에 예수님께 찾아와서 "선생님, 우리는 당신을 하나님께서 보내신 분이라고 알고 있습니다. 하나님이 함께하시지 않으면(행10:38; 저가 두루다시시며 '착한 일을 행하시고' 마귀에게 눌린 자를 고치셨으니' '이는 '하나님이 함께 하셨음이라.' 말씀과 같이) 선생님이 베푸시는 기적을 아무도 행할 수 없습니다."(요3:2; 현대인의 성경) 하고 말하는 것입니다.

이처럼 니고데모와 같이 예수님께서 항상 하나님의 일하심을 보고 **"하나님께서 예수님과 함께하고 계심을 아는 것"**이지만 예수님께서 하나님의 일하심을 보고도 의문스러워하며 묻는 그와 같은 모든 사람들에게 예수님께서는 "내가 아버지의 일"을 하거든 말씀하심으로써 "하나님 안에서 행한 것임을(현대인의 성경; 하나님의 뜻을 따라 살고 있다는 것) 나타내려 함"과(요3:21) 같이 아버지의 일을 행하는 예수님 자신에 대하여 (너희가 나를 너희와 같은 사람으로 보았다면?) "나는 믿지 않을지라도 그 일만은 믿으라." 말씀하셨던 것입니다.

그와 같은 뜻의 말씀이 바로 "이러므로 그의 열매로 그들을 알리라."는 말씀으로 '공동번역성서'는 "그러므로 너희는 그 행위를 보아 그들이 어떤 사람인지 알게 된다."(마7:20)고 해석함으로써 하나님의 일도 예수님과 같이 사람의 행위로 나타남으로 말미암아 바리새파 사람 니고데모가 아는 것처럼 누구나 그 행위를 보면 그들이 어떤 사람인지 알 수 있다는 그 말씀인 것(약2:26)입니다.

이와 같이 예수님께서도 하나님의 일을 함에 있어서 예수님을 통하여 나타나는 일을 (내가 아버지의 일을 하거든) 보면 예수님께서 아버지의 일을 자신이 스스로 지어내서 하는 것이 아니라 예수님 자신이 아버지의 의하여 아버지께서 분부하신 대로 실천하고 있는 것임을 바리새파 사람 니고데모가 아는 것과 마찬가지로 아버지께서(요8:29; 현대인의 성경; 나를 보내신 분이 나와 함께하신다. 내가 항상 그분이 기뻐하시는 일을 하기 때문에 그분은 나를 혼자 버려두지 않으셨다. 하심같이) 예수님의 안에 계시면서 예수님 속에서 예수님을 통해 아버지 자신의 일을 몸소 하고 계심을 아는 것인데, 빌립아, 너는 어찌하여 아버지를 보여달라 하느냐? 하시는 말씀인 것이요,

"내가 '아버지의 일'을 하거든 나는 믿지 않을지라도 '그 일만은 믿

으라.' 그러면 그것으로(내가 아버지를 사랑하는 것과 아버지의 명하신 대로 행하는 것으로) **아버지께서 내 안에**(아버지께서 예수님 안에서 몸소 일하고 계심과) **내가 아버지 안에 있는 것을**(예수님께서 아버지의 의하여 아버지의 명하신 대로 실천하고 있다는 것을) 그 당시 사람들과 빌립도 예수님의 제자들도 그리고 먼 후세대인 우리들까지도 누구든지 확실하게 알 수 있다는 그 말씀인 것"입니다.

그렇기 때문에 우리가 예수님을 진실로 믿는 사람이라면, 마귀를 따라 마귀의 일을 하는 것이 아니라 하나님 아버지께서 예수님 안에서 일하시므로 예수님께서 아버지의 뜻을 따라 아버지께서 분부하신 대로 일을 하시는 것처럼 성령님께서도 우리 안에 계셔 주님의 일을 하시므로 우리도 그분의 뜻을 따라 성령님께서 분부하시는 대로 일을 해야 하는 것입니다.

왜냐하면 그와 같이 성령님을 따라 하나님의 일을 하는 사람이 바로, 사도 바울과 같이 "나는 내 속에서 힘 있게 일하시는 분의 능력으로 최선을 다해 일하고 있습니다."(골1:29; 현대인의 성경) 하는 사람으로서 자신의 재물의 힘과 노력과 자신의 육체적 욕망의 사람으로서의 지혜가 아닌, 하나님의 사람으로서 하나님 안에서 그분 안에 있는 지혜와 지식의 온갖 보화로 성령님의 지도하심을 따라 사도 바울이 힘써 일함과 같이 작은 일이든지, 큰일이든지 그분의 일을 하고 있는 사람이 곧, 하나님의 일을 하는 사람이기 때문인 것입니다. 그러므로 '나더러 '주님, 주님,' 하고 부른다고 다 하늘나라에 들어가는 것이 아니다. 하늘의 계신 내 아버지의 뜻을 실천하는 사람이라야 들어 간다."(마7:21; 공동번역) 하심 같이 성령님을 힘입어 하나님의 일을 하는 그런 사람들은? 우리(자신) 안에 계셔서 힘 있게 일하시는 성령님의 능력으로(분부하심으로) 최선을 다해 하나님의 일을 실천하는 사람들로서 그와 같은 사람들이 주님을 떠나지 않은 가지인 것이며 하나님 안에 거하는 사람들인 것이고 하나님의 뜻을 실천하는 사람들인 것입니다. 그와 같은 사람들이 하늘나라에 들어간다고 말씀하신 것이요. **"사람이 내 안에 살고 내가 그 사람 안에 살면 그는 많은 열매를 맺는다."**고 예수님께서는 말씀하시는 것입니다.

이와 같이 예수님 안에서 하나님 아버지께서 몸소 일하신 것처럼 하나님의 일을 실천하는 사람들 안에서 예수님께서도 주님 자신의 일을 몸소 하고 계신 것임을 우리는 알아야 하는 것입니다.

이것으로 우리는 우리가 예수님 안에 예수님께서 우리 안에 계심을 아는 것입니다.

그것이 바로 참 포도나무 비유의 말씀인 것입니다.

그렇기 때문에 이와 같은 사람들은 예수님께서 말씀하신 바와 같이 주님께서 하는 일을 할 뿐만 아니라 그보다 더 큰 일도 하게 되는 사람이라고 그리스도께서는 말씀하신 것입니다.

예수님은 말씀하셨습니다.

"정말 잘 들어 두어라. '나를 믿는 사람은 내가 하는 일을 할 뿐만 아니라' 그보다 더 큰 일도 하게 될 것이다."(요14:12; 공동번역)

이와 같이 주님 안에서 일하셨던 성령님께서 우리 안에 계셔서 우리 안에서도 같은 일을 하심으로써 우리가 우리 안에 계신 분의 능력으로 주님의 일을 (내가 하는 일을 할 뿐만 아니라) 할 수 있는 것입니다. 그렇기 때문에 여러분들이 주님을 따라 하나님의 일을 하고 있다면 그리고 예수님께서 명령하신 일을 하고 있다면!!! 그것으로 우리가 확실하게 예수 그리스도를 믿고 있다는 것을 하나님으로부터 인정을 받은 사람인 것이요, 우리가 예수님 안에 있고 예수님께서 우리 안에 계심으로 인하여 우리가 하나님께서 뜻하시는 열매, 또한 맺고 있다는 것을 확실하게 알게 되는 것입니다.

아버지 하나님의 사랑과 주 예수 그리스도의 은혜와 성령님의 지도하심이 주님 안에 사는 모든 형제들에게 있기를 우리 주 예수 그리스도의 이름으로 기도합니다.

죄인이 번제물의 머리에
손을 얹어 죄를 전가하다

"제물을 바치는 자가

번제물의 머리에 손을 얹으면

내가 그것을

그의 죄를 대신 속죄하는

희생의 제물로 받을 것이다."(레1:4; 현대인의성경)

많은 사람들이 우리의 죄가 그리스도 예수님께 어떻게 전가되어 하나님께서 용서하셨는가? 하고 궁금해하고 있습니다.

그것은 이렇습니다.

하나님께서는 성경에 기록하시기를 "제물을 받치는 자가 번제물의 머리에 손을 얹으면 내가 그것을 그의 죄를 대신 속죄하는 희생의 제물로 받을 것이다."(레1:4) 말씀하신 것입니다.

그 말씀은 죄인이 지은 죄로 인하여 자기가 그 죄로 말미암아 죽어야 마땅하지만 자신이 지은 죄를 번제물에 머리에 손을 얹어 자기의 죄를 전가하면 자신의 죄를 전가받은 그 번제물이 자기의 죄의 짐을 대신 짐으로써 그의 죄의 짐을 대신 진 번제물을 하나님께서는 그 사람 대신 속죄하는 희생의 제물로 받을 것이라는 말씀인 것입니다.

그와 같이 행하고 믿음으로 그는 살고 자기의 죄를 전가받은 번제물이 자기 대신 속죄하는 희생의 제물이 되어 죽는다는 것입니다.

이와 같이 제물을 받치는 자가 번제물의 머리에 손을 얹으므로 인하여 자신의 죄를 전가받은 번제물이 자기 대신 속죄하는 희생의 제물이 되었음을 그 죄인은 믿는 것입니다.

그러므로 하나님께서는 그와 같이 말씀을 따라 행하고 믿는 자에게 그 말씀 그대로, 죄인이 번제물의 손을 얹어 안수한 그 번제물을 그가 지은 죄를 대신 속죄하는 희생의 제물로(죄 값으로) 받으시고 그 사람에게는 **"죄가 없다"**고 인정하고 용서하여 주시는 것입니다.

그것이 법정적 의요(법정적 의에 대하여 바울의 의를 들어 말하는 '경동교회 황성규 목사'의 해석을 인용하여 말한다면 법정적 의는 심판 주님이신 하나님께서 의롭다고 선언하고 인정함으로 얻는 것을 말합니다. 그것을 그는 "주 예수의 이름과 우리 하나님의 성령 안에서 썻음과 거룩함과 의롭다하심을 얻었느니라."(고전 6:11) 하심과 "그러므로 우리가 믿음으로 의롭다는 인정을 받아 우리 주 예수 그리스도를 통해 하나님과 화목하게 되었습니다."(롬5:1) 함을 인용하여 일차적으로 최후 심판 때 방면을 뜻하는 의인이 현재적으로 성취되었다는 말이며 무죄 선고로 나타나는 의인은 이미 그리스도의 죽음을 통해서 성취되었기 때문에 인간은 여기서 〈엮은이; 이 땅에서〉 믿음으로 수용할〈엮은이; 행하는 것〉 뿐인 것이라고 말합니다. 이와 같이 하나님은 그리스도 안에서 믿는 사람들을 무죄 선고했기 때문에 그는 하나님의 진노에서 구원 받은 것을 확신한다.(롬5:9)고 말하는 것이며 그래서 〈엮은이; 예수 그리스도를 믿는 사람은〉 더 이상 정죄함을 받지 않는다.(롬8:1)고 그는 말하는 것입니다. 엮은이도 그 해석에 전적으로 동감합니다. 왜냐하면 그것은 예수 그리스도를 믿음으로 말미암아 예수 그리스도와 함께 사는 사람들은 "그리스도 예수와 함께 생명을 누리게 하는 성령의 법이 나를〈예수 그리스도와 함께 사는 사람들을〉 죄와 죽음의 법에서 해방시켜 주었기 때문입니다."(공동번역; 롬8:2)라고 말씀을 전하고 있기 때문입니다. 이와 같이 죄와 죽음의 법에서 해방 받은 그와 같은 사람이 재판 주님이신 하나님께로부터 확실하게 의롭다는〈죄가 없다고〉인정을〈무죄선고〉받은 사람인 것입니다. 그것이 법정적 의요), 하나님의 의인 것입니다.

이처럼 하나님께서는 이스라엘의 지도자 모세에게 하신 말씀 그대로 번제물로 죄 없는 자기의 아들을 세상 죄를 대신 속죄하는 그와 같은 희생의 제물로 삼으셨던 것입니다.

왜냐하면 그것은 "하나님이 세상을 이처럼 (독생자를 내어 주실 만큼) 사랑하셨기 때문입니다."(요3:16) 이와 같이 하나님께서 창조하신 사랑하는 사람들이 아담의 범죄로 인하여 아담 안에서 태어남으로 말미암아 모두가 다 그의 죄를 물려받은 아담의 지체로서 그리고 그의 후손으로서 모두가 죄인이 되었지만 사랑하신 것입니다.

이와 같이 모든 사람이 아담 안에서 죄인임을 입증할 수 있는 근거가 성경에 기록된 것입니다.

그것은 "살렘 왕이자 가장 높으신 하나님의 제사장 멜기세덱은 떡과 포도주를 들고 나와 아브람에게 복을 빌어 주었습니다. '하늘과 땅을 만드시고 지극히 높으신 하나님이이여 아브람에게 복을 내리소서. 그대의 원수를 그대의 손에 붙이신 지극히 높으신 하나님께 찬양을 드리어라.'(공동번역) **아브람은 자기가 되찾아 온 모든 전리품의 10분의 1을 멜기세덱에게 주었습니다.**"(창14:18~20)

이와 같은 장면을 히브리서 기자는 다음과 같이 "그리고 십일조를 받았던 레위도 아브라함을 통해 10분의 1을 멜기세덱에게 바쳤다고 할 수 있습니다. 이것은 멜기세덱이 아브라함을 만났을 때 레위는 아직 태어나지 않고 자기 조상의 몸속에 있었기 때문입니다."(히7:9,10; 현대인의 성경)라고 말씀을 해석한 것입니다.

그렇다면, 아직 태어나지도 않은 레위가 아브라함의 몸 안에서 아브라함을 통해 10분의 1을 멜기세덱에게 바쳤다고 할 수 있다면 우리 또한 아담이 죄를 지을 때, 우리도 태어나지는 않았지만 아담의 몸 안에서 아담과 함께 죄를 지었다고 할 수 있다는 말씀이 되는 것입니다.

그러므로 "아브라함을 통해 아직 태어나지도 않은 레위가 10분의 1을 멜기세덱에게 바쳤다 할 수 있습니다." 하신 말씀을 비유에 응용한다면 **"선한 씨를 가진 자"**와 **"죄의 씨를 가진 자"**에 비유할 수 있는 것입니다. 그것은 왜냐하면 "아담은 오실 자의 표상"으로서(롬5:14) 하늘로부터 오신 선한 씨를 가진 자 곧, 둘째 사람 예수님을 통해 선한 씨를 가진(롬5:21; 현대인의 성경; 하나님의 은혜로 의로 군림한) 그의 후손들이 계속해서 태어나기 때문인 것입니다.

그렇기 때문에 죄를 범한 첫 사람 아담은 "죄의 씨를 가진 자"로 비유할 수 있는 것입니다. 그것은 율법이 있기 전에도 "죽음은 아담으로부터 모세에 이르기까지(롬5:13; 세상에 죄가 있었으나 율법이 없어서 죄를 죄로 여기지 않았던 시대이므로) 아담이 지은 죄를(하나님의 명령을 어긴 죄) 짓지 않은 사람들까지 지배하였습니다."(롬5:13,14) 하는 것이며 율법이 들어와서는 확실하게 "한 사람의 범죄로 모든 사람이 죄인이라는 판정을 받게 된 것처럼"(롬5:18; 현대인의 성경) 죄의 씨를 가진 자를 통해 죄의 씨를 가진 그의 후손들이 온 세상에 가득히 채우고도 남을 만큼 계속적으로 태어나고 있기 때문인 것입니다.

그러므로 하나님께서 성경에 기록하시기를 **"의인은 없나니 하나도 없도다."**(롬3:10) 말씀하시고 있는 것입니다. 그만큼, 아담의 후손으로 태어난 온 세상 모든 사람들 가운데 하나님과 완전하게 올바른 관계를 회복한 사람이 한 사람도 없다는 것을 말씀하고 있는 것입니다.

그것은 **"하나님께서 우리를 위해 더 좋은 것을 마련하시고 우리와 함께 그들이 완전해지도록 하셨기 때문입니다."**(히11:40) 하신 것 때문입니다. 그래서 "하나님은 우리를 그리스도와 함께 살게 하시려고 천지창조 이전에 이미 우리를 뽑아 주시고 '당신의 사랑으로(예수 그리스도를 보내심으로)' 우리를 거룩하고 흠 없는 자가 되게 하셔서 당신 앞에 설 수 있게 하셨습니다."(엡1:4; 공동번역) "그것은 우리로 하나님의 풍성하신 은혜를 따라 그리스도 안에서 그분의 피로 죄 사함을 받고 구원을 얻게 하려는 것이었습니다."(엡1:7) 하신 것입니다.

이와 같이 그리스도 안에서 미리 계획하신 바대로(요5:36; 현대인의 성경; 아버지께서 완성하라고 나에게 맡기신 일 그리고 엡1:23; 공동번역; 만물을 완성하시는 분의 계획이 그 안에서 완전히 이루어집니다.) 이루시기 위하여 자기의 아들이신, 예수 그리스도를 세상에 보내심으로 말미암아 하나님과 완전하게 올바른 관계를 회복하는 일을 하나님께서는 시작하신 것입니다.

이처럼 말씀 되시는 그리스도께서 **"저를 참 제물로 받으시려고 인간이 되게 하셨습니다."**(히10:5; 공동번역) 하신 말씀과 같이 육신이 되어 오신 예수님께서 "그가 네 갈 길을 미리 닦아 놓으리라."(막1:2)고 성부 하나님께서 보내신 주의 사자 세례 요한에게 세례를 받으시려고 갈릴리를 떠나 요단강으로 요한을 찾아오셨습니다. 그러나 요한은 한사코 "제가 선생님께 세례를 받아야 할 터인데 어떻게 선생님께서 제게 오셨습니까?" 하며 굳이 사양하였습니다.

그러자 예수님께서는 세례 요한에게 "지금은 내가 하자는 대로 하여라. 우리가 이렇게 해야 하나님께서 원하시는 모든 일이 이루어진다." 하신 것입니다.

예수님께서 그와 같이 말씀하심은 "하나님이시여, 보십시오. 나의 관해 율법 책에 기록되어 있는 대로 내가 주의 뜻을 행하러 왔습니다."(히10:7; 현대인의 성경) 하시는 말씀인 것입니다.

그제야 세례 요한은 예수님께서 하자 하시는 대로(레1:4; 현대인의 성경; 제물을 받치는 자가 번제물에 손을 얹으면 내가 그것을 그의 죄를 대신 속죄하는 희생의 제물로 받을 것이다) 하였습니다.

"예수님께서 세례를 받으시고"(마3:13~16; 공동번역) 이 장면을 주님의 예언자 이사야는 **"여호와께서는 우리 무리의 죄악을 그에게 담당시키셨도다."**(사53:6) 기록한 것입니다. 또한 사도 바울도 같은 장면에 대하여 "하나님께서는 죄의 문제를 해결하시기 위해 자기 아들을 죄 많은 인간의 모양으로 보내시고 우리의 죄 값을 그에게 담당시키신 것입니다."(롬8:3; 현대인의 성경) 선포하고 있는 것입니다.

이와 같이 죄인의 대표로서 세례 요한을 통해 하나님께서는 흠이 없는 자기 아들에게 각처에 있는 우리들과 온 세상 사람들의 죄를 전가하신 것(요일2:22; 우리만 위할 뿐 아니요, 온 세상의 죄를 위함이라)입니다. 그러므로 "인자의 온 것은 섬김을 받으려 함이 아니라 도리어 섬기려 하고 자기 목숨을 많은 사람의 대속 물로 주려함이니라."(막10:45) 하심 같이 주의 뜻을 행하러 오신, 하나님의 아들이신, 독생자 예수 그리스도에게 이와 같이 하여 하나님께서 세상 죄를 전가하시므로 예수님께서는 우리와 온 세상의 죄를 대신 지심으로 말미암아 모든 사람의 죄를 속죄하는 번제물이(자기 목숨을 많은 사람의 대속 물로 주셔서) 되셔서 우리와 온 세상의 죄를 대신 속죄하는 피를 십자가에서 흘리신 것입니다.

그것을 믿음으로써 우리는 살게 된 것이지만, 만왕의 왕이시오, 만주의 주님이신 예수님께서는 우리의 죄를 대신 지시고 진짜 범죄자 같이 채찍으로 살이 패이도록 맞으셔서 그 비명 소리가 사람의 몸으로서 절로 나셨으며 그 채찍으로 맞으신 자국에서는 피가 튀며 솟구쳐 흘러 내렸습니다.

선지자 이사야는 이와 같이 우리의 죄를 짊어지고 주님께서 범죄자처럼 되어 고난을 받을 것에 대하여 미리 예언하기를 "그가 우리의 죄 때문에 찔림을 당하고 상처를 입었으니 그가 징계를 받음으로 우리가 평화를 누리게 되었고 그가 채찍에 맞음으로 우리가 고침을 받았다."(사53:5; 현대인의 성경)고 한 것입니다.

그리고 조롱의 가시면류관을 쓰신 머리에서는 그 가시에 찔리심의 찔리시는 곳마다 피를 흘리셨습니다. 또한 주님께서는 그 무거운 통나무로 만든 그 십자가를 메시고 험산준령 골고다의 고개 길을 힘겹게 오르셔서 메고 오신 그 십자가에 "모세가 놋 뱀을 만들어 장대 위에 다니 뱀에게 물린 자마다 놋 뱀을 쳐다본즉 살더라."(민21:9)는 예언대로 그리고 **"모세가 광야에서 뱀을 쳐든 것같이 나도 높이 들려야 한다."**(요3:14; 현대인의 성경)고 말씀하심과 같이(요8:28; 트리니티말씀대전; 이에 예수께서 가라사대 너희는 인자를 든 후에 내가 그인 줄을 알고 그리고 또한 요12:32,33; 내가 땅에서 들리면 모든 사람을 내게로 이끌겠노라. 하시니 이렇게 말씀하심은 자기가 어떠한 죽음으로 죽을 것을 보이심이러라.고 말씀하심과 같이 예수님 자신이 십자가를 지실 것을 예언하신 대로) 손과 발이 대못에 박히셔서 사람으로서의 그 아픔의 절규가 저절로 나오셨습니다. 그리고 나서 주님의 말씀대로 주님께서는 세상 죄를 지고 십자가에 못 박히신 채로 높이 들리셨습니다. 이와 같이 주님의 의로운 행동으로 인하여 죄를 지은 우리들은 "놋 뱀을 본즉 살더라."는 말씀과 같이 우리의 죄를 지고 그와 같이 십자가에 못 박히신 채로 높이 들리신 우리 주 예수 그리스도를 믿음으로써 우리는 살아나게 된 것입니다.

하지만 당시에 사람들은 이와 같이 이루어질 일을 깨닫지 못하였기에 그렇게 모진 고통과 고난을 겪고 계신 주님을 위하여 그 누구도

신경을 쓰는 사람은 없었으며 오히려 저들은 희희낙락거리고 성경의 예언대로 예수님의 옷을 제비 뽑아 나누었습니다. (시22:18) 이와 같이 저들에게 형편없이 주님은 그렇게 당하고 계시는데도 누구 하나 주님을 위하여 선뜻 나서는 사람도 없었습니다.

그러는 가운데 백성들은 구경하며 관원들은 낄낄대고 비웃으며 군병들은 신 포도주를 주며 "네가 유대인의 왕이라면 네 자신이나 구원하라."(눅23:37; 현대인의 성경) 하며 희롱하였던 것이었습니다. 심지어 달린 행악자 중 하나에게까지 우리 주님은 모욕을 당하셨습니다. (눅23:39)

이와 같이 철저하게 사람들의 멸시와 천대를 받으시면서까지도 도살장으로 끌려가는 양처럼 되었어도 주님은 자신의 목숨을 위하여 입을 열지 않으심에 대하여도 선지자 이사야는 예언하기를 "그는 사람들에게 멸시와 천대를 받고 슬픔과 고통을 당하는 사람이 되었으니 사람들이 그를 외면하고 우리도 그를 귀하게 여기지 않았다. 그는 우리의 질병을 지고 우리를 대신하여 슬픔을 당하였으나 우리는 그가 하나님의 형벌을 받아(신21:22,23; 갈3:13; 나무에 달린 사람은 하나님께 저주받은 자입니다.) 고난을 당하는 것으로 생각하였다. 그가 곤욕을 당하면서도 침묵을 지켰으니 도살장으로 끌려가는 어린양과 털 깎는 사람 앞에서 잠잠한 양처럼 그의 입을 열지 않았다."(사53:3,4,7; 현대인의 성경)고 예언했던 것입니다.

그리고 그날에 낮 12시쯤 되어 온 땅에 어두움이 뒤덮이더니 오후

3시까지 계속되었습니다. 그때에 태양마저 빛을 잃었다고 기록되었던 것입니다.

그리고서는 지성소로 들어가는 길을 가로막고 있던 휘장 한가운데가 찢어지며 두 폭으로 갈라졌습니다. 그것은 **"그 휘장은 곧 그분의 육체입니다."**(히10:20; 공동번역)하신 말씀처럼 "그분은(예수님) 우리를 위해 자신의 몸인 휘장을 찢어 새로운 생명의 길을 열어 놓으셨습니다. 말씀하는 것이며 그러므로 예수님께서 피를 흘리셨음으로 우리는 떳떳하게 지성소로 들어갈 수 있게 되었습니다."(히10:19,20; 현대인의 성경) 하는 것입니다.

이와 같이하여 예수님께서는 모든 일을 완성하시고 큰소리로 "아버지, 제 영혼을 아버지 손에 맡깁니다!" 하시고 숨을 거두셨다고 성경은 전하고 있습니다. 이처럼 모진 고초와 최악의 범죄자 취급을 몸소 겪으시면서까지도 우리 주님은 "아버지께 구하여 지금 **12영**(현대인의 성경; 헬, 1레기온은 6,000명으로 편성, 12레기온은 약 72,000명) **더 되는 천사들을 보내시게 하여**"(마26:53) 적군들을 멸망시키고도 남을 만한 무한한 능력이 있었음에도 불구하고 구하지 아니하시고(사53:7; 털 깎는 사람 앞에서 잠잠한 양처럼 입을 열지 않으시고) 우리를 구원하시기 위하여 그렇게 죄를 속죄하는 희생의 제물이 되셨던 것이었습니다.

이와 같이 모진고난과 고통을 당하시며 죄를 속죄하는 희생의 제물이 되신 우리 주 그리스도 예수님을 믿는 사람에게 하나님께서는 **"죄가 없다"**고 선언하시며 그 믿음을 보시고 **"의롭다"** 여기신다고 구약에 기록하신 것이었습니다. 그와 같이 믿음으로써 우리가 예수님을 통해 하나님으로부터 "죄에 대하여 용서를 받게 된 것"입니다.

이처럼 예수님께서는 "인류의 죄를 제거하기 위하여 오신 하나님의 어린 양이셨던 것"입니다.

그래서 성서에서 세례 요한은 "다음 날 요한은 예수께서 자기한테 오시는 것을 보고 이렇게 말하였다. '이 세상 죄를 제거하시는 하나님의 어린 양이 저기 오신다.'고 말입니다."(요1:29; 공동번역)

그 말씀은 모든 사람, 인류의 죄를 예수님께서 제거해 버리시는 분이심을 그는 말하였던 것입니다. 또한 사도 바울도 같은 말씀으로 전하기를 '공동번역성서'의 말씀입니다.

"하나님께서는 당신의 아들을 죄 많은 인간의 모습으로 보내어 그 육체를 죽이심으로써 이 세상의 죄를 없이 하셨습니다."(롬8:3) 한 것입니다. 이와 같이 "희생의 제물이 되셔서 인류의 죄를 제거하시고 율법의 요구를 다 이루신 예수님을 믿는 것이 믿음인 것"입니다.

그러므로 하나님께서는 어떤 사람이든지 그와 같이 희생의 제물이 되신 우리 주 예수 그리스도를 마음으로 믿는 사람의 죄를 약속대로 용서해 주시는 것입니다. (롬8:4)

그래서 전지전능하시며 공평하신 하나님께서는 하나님의 아드님이시며 모든 사람의 죄를 대신 속죄하기 위하여 희생의 제물이 되셔서 세상 죄를 제거하신 예수 그리스도를 온 천하 모든 민족들에게 믿으라고 선포하셨던 것이며(행17:30) "그리스도를 통해 우리를 자기와(하나님 자신과) 화해를 시키시고 우리에게 화해의 직책을 주셔서"(고후5:18; 현대인의 성경) 우리로 하여금 계속하여 주님께서 오실 때까지 지구촌 모든 민족들에게 "예수님을 주님이라고 고백하고 또 하나님께서 그분을 죽은 사람들 가운데서 살리셨다는 것을 마음으로 믿으면 구원을 받을 것입니다."(롬10:9; 현대인의 성경) 선포하게 하고 있는 것입니다.

그것은 왜냐하면 **"사람이 마음으로 믿어 하나님께 의롭다는 인정을 받고 입으로 고백하여 구원을 받게 되는 것입니다."**(롬10:10) 하고 말씀하고 있기 때문입니다.

이와 같이 "하나님께서 예수 그리스도를 '죽은 사람들 가운데서 살리셨다는 것'을 마음에 믿고 예수님을 '주님'이라고 고백함"으로써(고전12:3) 하나님과 완전하게 올바른 관계를 맺는 그와 같은 놀라운 일을 준비하신 하나님에 대하여 아브라함은 "이삭이 아버지를 불렀다. '아버지!' '왜 그러느냐?' '불과 나무는 여기 있는데 제물(번제)로 바칠 어린 양은 어디 있습니까?' '얘야, 제물로 바칠 어린 양은 하나님이 직접 준비하실 것이다.'(창22:8) 말한 것"입니다. 그러므로 사람들이 "아브라함이 그곳에 이름을 여호와-이레라고(여호와-이레; 여호와께서 준비하신다는 뜻) 불렀으므로 오늘날까지도 사람들이 여호와의 산에서 준비될 것이다. 말을 하고 있다."(창22:14; 현대인의 성경) 기록된 것처럼 **"제물(번제)로 바칠 어린 양으로 오시는 예수님"**에 대하여 그는 예언했던 것입니다.

그와 같이 아브라함을 통하여 예언하신 하나님께서는 그의 예언대로 "하나님께서 친히 준비하셨던 것(히10:5-10)입니다." 그것이 하나님의 방법이셨던 것입니다. 그러므로 누구든지 하나님의 방법을 믿으면 살고 믿지 않으면 다시 살지 못하는 것입니다.

다시 살지 못하는 것은? 그러하신 하나님을 믿지 않았기 때문입니다. 왜냐하면 그것은 자기가 자신의 죄를 번제물의 머리에 손을 올려 전가해 놓고서는 그 번제물이 희생의 제물이 되어 하나님께서 받으셨건만 그가 하나님의 약속하신 그 약속을 믿지 않음으로 인하여 자신의 죄가 그대로 남아 있는 것을 말씀하고 있는 것이기 때문입니다.

하나님의 약속하신 약속을 마음에 믿음으로써 자신의 죄를 짊어지시고 희생의 제물이 되신 그리스도로 말미암아 자신이 지은 죄를 용서받고 영원한 생명을 얻는 것인데 말입니다.

그러나 누구든지 세례자 요한을 통하여 모든 사람의 죄(요일2:2; 우리 죄를 위해 화목제물이 되셨습니다. 우리 죄만 아니라 온 세상에 죄를 위해 그렇게 되신 것입니다) 그리고 그 속에 속한 자기의 죄를 전가받아 제거해 버리신 예수님의 공로를 마음에 믿는 사람은 그 사람이 누구든지 간에 자신의 죄가 없어지는 것입니다. 죄를 용서받는 것(롬4:5-8)입니다. 악한 양심이 깨끗해지는 것(히10:22)입니다.

그것이 하나님의 약속이신 것입니다.

그와 같이 하나님께서 이룩하신 역사적인 사실을 믿는 사람은 하나님과 관계회복은 물론이거니와 하나님으로부터 예수님의 한 번의 제사로 완전하게 죄 씻음을 받은 것(히10:14)입니다.

이와 같이 우리 주 그리스도 예수님을 마음으로 믿는 자들에게는 하나님으로부터 하나님의 자녀가 되는(아버지의 자녀로서 탕자와 같이 신분을 회복하는) 특권을 선물로 받게 되는 것입니다.

이렇게 해서 (롬7:14; 육신의 속한 사람이 되어)육체를 따라 살지 않고 (하나님께 속한 사람이 되어) 성령을 따라 사는 우리 속에서 그리고 예수님의 허리에서 예수님께서 십자가에서 **"다 이루었다"**(요19:30) 하셨을 때에 율법의 요구가 모두 이루어져 완성된 것입니다. 그러므로 이제 **"그리스도 예수님과 함께 사는 사람들은 결코 정죄받을 일이 없는 것"**(롬8:1)입니다.

그것을 사도 바울을 통해 기록하신 바와 같이 "그리스도 예수와 함께 생명을 누리게 하는 성령의 법이 나를 '죄와 죽음의 법에서 해방시켜 주었기 때문'입니다."(롬8:1,2; 공동번역) 하는 것입니다.

그러므로 이제 우리는 "죄와 죽음의 법에 매여 사는 사람들이 아니라" 사도 바울이 "내 안에서 강하게 활동하시는 그리스도를 힘입어 애써 노력하며 사는 것"처럼(골1:29; 공동번역) 예수 그리스도를 믿는 우리들도 우리 안에서 힘 있게 활동하시는 그리스도를 힘입어 예수님과 함께 사는 사람들로서 그리고 그분의 능력으로 하나님의 뜻을 실천하며 사는 사람들로서(히10:36) 이제부터는 "생명을 누리게 하는 성령님을 따라 일하던 사도들과 같이 그리고 믿음의 형제들과 같이 하나님의 선한 일을 하며 사는 '인격적으로 변화된 아름다운 사람들'이 되어야 하는 것"입니다.

왜냐하면 그와 같은 사람들이 진실로 예수 그리스도를 믿는 사람이기 때문이요, 하나님으로부터 죄 용서함을 받은 사람으로서 하나님과 함께 동행하는 사람이기 때문이요, 하나님을 사랑하는 사람이기 때문인 것입니다.

이처럼 그리스도의 영으로 인도함을 받고 있는 사람들이 그리스도 안에 거하는 사람이요(하나님의 뜻을 따라 행하는 사람이요), 그리스도께서 형제들 안에서 하나님 아버지의 일을 하고 계신 것입니다.

그러므로 **"주님을 따라 하나님의 일을 하는 이와 같은 사람들이 예수 그리스도와 함께 사는 사람들이라는 것"**을 형제 여러분들은 모르지 않기를 바랍니다.

율법이 연약하여 할 수 없는 그것을 이룩하신 전지전능하신 하나님 우리 아버지께 길이길이 영광이 있기를 바랍니다. 아멘.

그러면 누가 내 이웃입니까?

"네 마음을 다하고 정성을 다하고

힘을 다하고 뜻을 다하여

주 너의 하나님을 사랑하라."

그리고

"네 이웃을

네 몸과 같이 사랑하라." 하였습니다.(눅10:27; 현대인의 성경)

"그러면 누가 내 이웃입니까?"(눅10:29)

어떤 율법학자가 예수님을 시험하려고 일어나서 "선생님, 제가 무엇을 해야 영원한 생명을 얻겠습니까?" 하고 물었습니다.

예수님께서는 그와 같이 질문한 율법학자에게 "율법에 무엇이라고 쓰여 있으며 너는 어떻게 알고 있느냐?" 하고 물으시자 그는 신명기에 기록하신 말씀과 레위기서에 기록된 말씀을 응용하여 "네 마음을 다하고 정성을 다하고 힘을 다하고 뜻을 다하여 주 너의 하나님을 사랑하라. (신6:5) 그리고 네 이웃을 네 몸과 같이 사랑하라. (레19:18) 하였습니다." 하고 대답하였습니다.

그래서 예수님이 그에게 "네 말이 옳다. 그대로 실천하여라. 그러면 네가 살 것이다." 하고 말씀하셨으나 그 율법학자는 예수님의 "네 말이 옳다."는 말씀에 힘입어 자기가 옳다는 것을 보이려고 "그러면 누가 내 이웃입니까?" 하고 예수님께 물었습니다.

1.

예수님께서는
누가 내 이웃이라고 말씀하고 있는가?

1) 예수님의 예화

그러자 예수님은 이렇게 대답하셨습니다.

"어떤 사람이 예루살렘에서 여리고로 내려가다가 강도를 만났다. 강도들은 그 사람의 옷을 벗기고(참고; 출22:26; 이웃의 옷을 저당 잡거든; 저 당물이 될 정도) 때려서 반쯤 죽은 것을 버려 두고 가 버렸다.

마침 한 제사장이 그 길로 내려가다가 그를 보고는 피해서 지나갔다. 그리고 어떤 레위 사람도 그곳에 이르러 그를 보고는 피해서 지나갔다.

그러나 어떤 사마리아 사람은 여행 중에 그 길로 지나가다가 '그를 보고 불쌍한 생각이 들었다.' 그래서 그는 다가가서 상처에 기름과 포 도주를 붓고 싸맨 후 자기 짐승에 태워 여관까지 데리고 가서 간호해 주었다. 이튿날 그는 두 데나리온을(현대인의 성경; 한 데나리온은 하루 품 삯) 여관 주인에게 주면서 '이 사람을 잘 보살펴 주시오. 비용이 더 들면 돌아오는 길에 갚아 드리겠소.' 하고 부탁하고 떠났다."

　말씀하셨습니다.

2) 강도 만난 사람의 이웃이 되어 준 사람

　"그러니 네 생각에는 이 세 사람 중에(너희의 동족인 이 세 사람 중에, 확실하게 다시 말한다면 제사장, 레위 사람, 사마리아 사람 이 세 사람 중에) 누가 강도를 만난 사람의 이웃이 되어 준 사람은 누구였다고 생각하느냐?"

　그때 율법학자는 "그 사람을 불쌍히 여긴 사람(사마리아 사람)입니다." 하고 대답하였습니다. 예수님은 그에게 "너도 가서 그와 같이 하여라." 하고 말씀하셨습니다. (눅10:25~37)

　예수님의 이 예화는 하나님을 섬긴다고 하는 사람은 누구나 한 번쯤은 들어 본 말씀 중에 하나일 것입니다.

3) 많은 성경학자들의 해석은

　그러나 율법학자가 강도 만난 사람의 이웃이 되어 준 사람에 대하여 예수님께 "그 사람을 불쌍히 여긴 사람(사마리아 사람)입니다." 이렇게 대답하였음에도 불구하고 예수님의 이 예화를 많은 성경학자들은 "배타적인 바리새인들은 사마리아 사람들이나 이방인들을 인간의 인간에 대한 관계에 범주에서 제외시킨 것으로 보고 있으며 '이웃'에 대한 유대교적 관점을 파기하는 의미가 있는 것으로서 이웃을 한계 짓고 구별하는 배타적인 태도를 지니고 있었던 당대의 유대인들에게 진정한 이웃의 자세를 상기시켜 주고 있는 것이다."라고 해석하는 것입니다.

그래서 예수님께서 말씀하시고 있는 이 예화는 세상에서 불행을 당하는 세상 모든 이웃과 우리와 이웃해서 사는 자(트리니티말씀대전; 부모도 될 수 있고 형제도 될 수 있으며 한동네의 사람, 직장 동료도 될 수 있습니다. 사람이 살아가면서 가장 많이 부딪치고 질투하고 다투는 상대가 사실은 가장 가까이에서 함께 생활하는 이웃입니다. 그리고 원수는 하나님께서 우리에게 주신 지극히 사랑해야 할 대상입니다.) 하는 것입니다. 그래서 강도를 만난 사람의 이웃이 되어 준 사마리아 사람처럼 교회가 그들의 진정한 이웃이 되어 주어야 한다고 강조하며 가르치고 있는 것입니다.

4) 예수님의 이 예화는 이스라엘 동족에 대한 말씀으로 보아야

그렇습니다.

일부의 해석에 대하여 엮은이도 동감합니다. 그러나 그것은 예수님께서 말씀하시고자 하는 "전체적인 예화 의미를 다 소화하지 못한 데서 비롯된 말씀"으로 보입니다.

그것은(레19:1,2; 여호와께서 모세에게 일러 가라사대 너는 이스라엘 자손의 온 회중에게 고하여 이르라. 말씀하심과 같이 이스라엘 동족에게 선포하는 말씀으로써) 예수님의 이 예화의 말씀은 레위기 19장에서와 같이 여호와 하나님의 말씀과 같은 말씀으로 보아야 하기 때문입니다. 만일 예수님의 예화가 이스라엘 동족에 대한 말씀이 아니고 세상에서 소외되고 고난받는 모든 세상 이웃을 자신의 몸처럼 사랑하라고 가르치고 있는 것이라면 예수님의 이 예화의 말씀은 "네 이웃을 네 몸처럼 사랑하라." 말씀하신 여호와 하나님의 말씀과 엇박자가 나는 것입니다. 왜냐하면 그것은 여호와 하나님께서 확실하게 **너는 이스라엘 온 회중에게 이렇게 일러 주어라.**"(레19:1) 모세에게 말씀하셨기 때문입니다. 그러므로 "네 이웃을 네 몸처럼 아껴라. 나는 야훼이다." 하신 말씀은 이스라엘 백성들에게 선포하신 말씀으로써 "이스라엘 사람들의(동족) 대한 말씀이 확실하기 때문인 것"입니다.

그래서 예수님의 이 예화도 이스라엘 나라 밖에 이야기가 아니라 그 나라 안에서 일어난 사건으로서 그것도 이스라엘의 거대도시 하나님의 거룩한 성전이 있는 곳이며 유대인들의 자부심이 깃들어 있는 곳이고 그들의 최고로 신성한 신앙의 중심도시인 예루살렘 성전에서부터 그 사건의 전말을(전말; 일의 처음부터 끝까지의 경과) 제시하고 있는 것입니다.

그렇기 때문에 "어떤 사람이(너희의 동족 유대인이) 예루살렘에서 여리고로 내려가다가 강도를 만났다." 이와 같이 예루살렘으로부터 이스라엘의 막중한 임무를 부여받은 제사장과 레위 사람을 등장시키신 것이며 아시리아 제국에 의하여 혼혈과 다신교가 되어 버린 사마리아 사람을(왕하17장; 옥스퍼드원어성경대전) 이방인처럼 등장시켜 **"온 세상 모든 교회들을 상징함"**으로서 그들의 이웃 사랑에 대한 잘못된 생각을 지적하고 하나님 품으로 돌아온 유대인뿐만 아니라 "이방인들"에게도(참고; 레19:33,34; 현대인의 성경; 너희는 너희 땅에 사는 외국인을 학대하지 말고 그들을 너희 동족같이 여기며 "너희 자신처럼 사랑해야 한다.") 서로 하나님의 자녀요, 그리고 하나님의 한 가족으로서 참으로 행함과 진실함으로 사마리아 사람이 강도를 만나 다 죽어 가는 유대인 동족에게 하나님의 사랑을 행한 것처럼, "세상에 있는 모든 예수 그리스도의 지체요, 몸인 그 이웃에게 교회가 사랑을 행할 것을 촉구하는 말씀으로 보는 것"입니다.

그러므로 사마리아 사람들이 혼혈인이요, 다신교가 되었지만 그들도 역시나 이스라엘 민족이요, 같은 유대인이요, 형제인데도 불구하고 순수혈통인 유대인들이(요8:48; 유대인들이 예수님에게 까지 "우리가 너를 '사마리아 사람'이라. 또는 귀신이 들렸다."라고 말하며 이방인과 같이 불결하게 생각할 정도로) 이방인처럼 불결하게 생각하며 적대시하는 사마리아 사람을 통한 그 예로 그들을 가르치신 것입니다.

그러므로 여러분은 성경을 잘 깨달아야만 합니다. "주님께서는 우리를 위하여 목숨을 버리셨습니다. 이 일로 우리는 사랑이 무엇인가를 알게 되었습니다. 그러므로 우리도 형제를 위하여 목숨을 버리는 것이 마땅한 것입니다."(요일3:16) 말씀과 같이 "여러분이 목숨을 버려 자신의 몸처럼 사랑해야 할 **그 이웃**"에 대하여, 여호와 하나님께서 '야곱의 몸을 통해 나온 이스라엘 온 백성들'을 향하여 이렇게 말씀을 선포하신 것입니다. **"동족에게 앙심을 품어 원수를 갚지 말라. 네 이웃을 네 몸과 같이 사랑하라" 나는 여호와이다.**(레19:18; 공동번역성서, 현대인의 성경) 이렇게 말입니다. 그러므로 여러분은 위에 말씀을 잘 되새겨 보십시오. 여호와 하나님께서 모세에게 "너는 이스라엘 자손의 온 회중에게 고하여 이르라."(레19:1) 말씀하시고, 하나님께서 이스라엘 자손 온 회중에게 선포하시고자 하신 말씀 선포를, 이스라엘의 지도자 모세를 통해, 레위기 19장 2절부터 17절로 계속 말씀을 이어가셨습니다. 이렇게 여호와 하나님께서 이스라엘의 지도자 모세를 통하여, 온 이스라엘 백성들에게 계속하여 말씀 선포를 이어가는 가운데, 나온 말씀이 바로 다음절인 레위기 19장 18절의 말씀으로 "동족에게 앙심을 품어 원수를 갚지 말라. 네 이웃을 네 몸과 같이 사랑하라." 선포하신 것입니다.

그러므로 여러분은 하나님의 말씀을 잘 들어 보시기를 바랍니다. 여호와 하나님께서 앞에 말씀과 같이 "동족에게 앙심을 품어 원수를 갚지 말라." 이스라엘 자손의 온 회중에게, 하나님께서 명하신 말씀을 따라 "그들이 동족들과 함께 살면서 지켜야 할 일"에 대한 말씀을 선포하시다가, 갑자기 방향을 바꾸셔서, "이스라엘 민족과 함께 살지도 않는 세상 어려운 이웃"도 너희 몸처럼 사랑해야 한다는 뜻으로 "네 이웃을 네 몸과 같이 사랑하라." 나는 여호와이다. 하고 말씀하셨을까요? "세상에서 불행을 당하는 세상 모든 이웃"을 "이스라엘 백성들아, 너희는 네 몸과 같이 사랑하라." 나는 여호와이다. 이렇게 말입니다.

그리고 여호와 하나님께서 그렇게 이스라엘 자손 온 회중에게 "세상 어려운 이웃을 자신의 몸처럼 사랑하라." 아주 짤막하게 말씀하시고 또다시 갑자기 방향을 바꾸셔서 이스라엘 자손의 온 회중에게 "그들이 동족들과 함께 살면서 지켜야 할 일"에 대하여 아래의 말씀과 같이 계속 말씀을 선포하셨을까요?

"너희는 내 규례를 지킬지어다. 네 육축을 다른 종류와 교합시키지 말며, 네 밭에 두 종자를 섞어 뿌리지 말며, 두 재료로 직조한 옷을 입지 말며, 등등"(레19:19-37) 이렇게 말입니다.

그러므로 주님께서 전하는 말씀을 들으십시오.

"야곱은 예수 그리스도의 상징이요," "야곱에게서 나온 이스라엘 백성들은 예수 그리스도에게서 나온 구원 받은 주님의 백성들의 상징인 것"입니다. 그러므로 부르심을 받은 **"이스라엘 백성들은"** 곧 **우리 주 예수 그리스도를 영접한 온 세상에 퍼져 사는 모든 그리스도인을 상징하는 것**입니다. 그러므로 "네 이웃"을 "몸의 비유"를 들어 말을 한다면, 교회의 머리가 되시며 그분의 몸인 교회 안에서 그의 백성들이 함께 어우러져 서로 각각 지체의 역할을 다 함으로써, 각 지체가 그 기능대로 다른 지체를 도와서 몸, 전체 마디마다 영양분을 고루고루 공급하여 줌으로 "온몸이 건강하게 자라듯이" **"사랑으로 그리스도의 몸을 세우고 있는 교회 안에 구성원"**인 여러분 모두를 가리켜 **"네 이웃"**이라고 말씀을 들어 가르치고 있는 것입니다.

이렇게 "네 이웃" 곧 "내(자신의) 이웃"에 대하여 설명하였는데도 잘 이해가 되지 않는다면 성경을 보십시오. 성경에서는 "세상에서 고난을 겪고 있는 형제"에게 자비를 베풀라고 말씀하신 것인지, 아니면 "세상에서 고난을 겪고 있는 세상 이웃"에게 자비를 베풀라고 말씀하신 것인지를 꼼꼼하게 따져서 검토해 보면 여러분들에게 주님께서 **"누구를**(네 이웃을) **네 몸처럼 사랑하라**고 말씀하셨는지에 대하여 확실하게 알게 될 것"이기 때문입니다.

사도 요한을 통해서 주님께서 말씀하셨습니다.

"누구든지 **세상 재물**을 가지고 있으면서 **형제의 궁핍함**을(강도를 만나 죽을 위험에 처하게 된 '**자신의 동족**'을) 보고도 도와주지 않으면(도와주지 않은 제사장, 레위 사람과 같이 도와주지 않으면) **어떻게 '하나님의 사랑'**이 그 **사람**(제사장, 레위 사람) **속에 '머물러 있다고'** 하겠습니까?"(요일3:17; 새 번역 성경, 공동번역 성서)

여러분은 위에 말씀을 다시 한번 꼼꼼하게 따져서 잘 읽어 보시고 깊이 생각해 보십시오.

누구든지 세상 재물을 가지고 있으면서 "형제의 궁핍함"을 보고도 도와주지 않으면, 어떻게 하나님의 사랑이 그 사람 속에 머물러 있다고 하겠습니까? 하고 말씀하셨는가 생각해 보고 누구든지 세상 재물을 가지고 있으면서 "세상 이웃의 궁핍함"을 보고도 도와주지 않으면, 어떻게 하나님의 사랑이 그 사람 속에 머물러 있다고 하겠습니까? 하고 말씀하셨는가 생각해 보십시오.

여러분은 위에 질문을 깊게 한번 생각해 보십시오. 그리고 말씀해 보십시오. 주님께서 사도 요한을 통하여 형제의 궁핍함에 대하여 말씀하시는 것일까요? 아니면 세상 이웃의 궁핍함에 대하여 말씀하시는 것일까요? 누구에 대하여 지금 주님께서 말씀하시는 것일까요?

그렇습니다.

세상 재물을 가지고 있으면서 주님을 믿는 "자기의 형제(동족의) 궁핍함"을 보고도 도와주지 않으면 어떻게 하나님의 사랑이 그 사람 속에 머물러 있다고 하겠습니까? 말씀하신 것입니다. "고난에 처한 세상 이웃"이 아니라 "고난에 처한 그리스도의 형제를 두고 하신 말씀인 것"입니다. 그래서 주님은 **"형제들을 도와줄 때"** "평안히 가십시오. 몸을 따뜻하게 하십시오. 배불리 먹으십시오."(약2:16) 하며 말과 혀로만 위로하고, 궁핍한 형제들에게 필요한 것을 실제로 도와주지 않는 사람들을 책망하는 말씀을 사도 야고보를 통해 보여 주셨습니다. 그리고 주님께서는 사도 요한을 통해서 앞에 말씀과 같이 궁핍한 형제들에게 말과 혀로만 위로하는 사람들을 향하여 이렇게 말씀하셨습니다. **"우리는 말과 혀로만 사랑하지 말고 행동으로 진실하게 사랑합시다."** 하고 말입니다. 이처럼 행동으로 진실하게 "고난에 처한 형제를 사랑하는 사람"이 "진리의 속한 사람"이며 "하나님 앞에서도 마음을 편하게 가질 수 있는 사람"이라고(요일3:18,19) 주님을 믿는 궁핍한 형제들을 도와준 우리의 형제들이 "하나님께서 기쁘시게 받으실 향기로운 제물"을 드림으로서 그 유익이 그와 같이 사랑을 행한 사람들에게 돌아가도록(빌4:17,18) 말씀으로 바르게 가르치고 있는 것입니다.

그렇습니다.

우리가 주님의 몸의 지체로서 주님과 한 몸을 이루고 있음으로써 참 포도나무의 비유 말씀과 같이 같은 그리스도의 지체로서 형제의 아픔을 함께 마음에 느낌으로 형제를 돕게 되는 것입니다. 형제의 아픔을 예를 들어 말을 한다면 이렇습니다. 어느 한 자녀의 아버지가 자기 자녀를 회초리를 들어 엄하게 훈계할 때에, 회초리를 맞는 자녀의 아픔보다 회초리를 들어 때리는 아버지 자신의 마음이 더 아픔을 느끼듯이, 그렇게 궁핍한 형제와 형제를 돕고자 하는 형제가 서로의 아픔을 함께 마음으로 느끼게 되는 것을 말하는 것입니다.

그러나 참 포도나무에 붙어 있지 않은 사람은(마음이 그리스도에게서 떠난 사람은) 형제의 아픔을 마음에 전혀 느끼지 못하는 것입니다. 왜, 참 포도나무에 붙어 있지 않은 사람은 형제의 아픔을 마음에 느끼지 못하는 것일까요?

그들은 고난을 겪고 있는 형제의 몸과 다른 지체의 몸이기 때문에, 형제의 아픔을 전혀 마음에 느끼지 못하는 것입니다. 그래서 제사장이나 레위 사람은 강도를 만난 자가 자신의 동족인데도 불구하고 강도를 만나 두들겨 맞아 버려져 죽어가는 것을(마침 한 제사장이 그 길로 내려가다가 "그를 보고는 피하여 지나갔다." 그리고 어떤 레위 사람도 그곳에 이르러 "그를 보고는 피하여 지나갔다." 말씀과 같이) 자신들의 눈으로 보고도 그 동족의 아픔을 마음에 느끼지 못함으로서 이유야, 어찌 되든지 간에 그를 피하여 지나간 것입니다. 그런데요. 만일 강도를 만난 자가 **자기의 친형**이었거나 **자신의 친동생**이었어도 그들이 "그를 보고는" 친형제의 아픔을 마음에 느끼지 못하고 말씀처럼 피하여 지나갔을까요?

이러하기에 믿음의 형제들이 여러분의 진짜 형제라면 서로 형제들의 아픔을 느끼게 되지 않을까요? 그만큼 그리스도의 형제들은(엡 5:30; 현대인의 성경; "우리는 그리스도의 몸의 지체들입니다." 말씀과 같이) **서로 그리스도의 몸의 지체들로서** 형제보다 더 우리에게는 아주 소중한 사람들이 아닐까요?

그러므로 우리 믿음의 가족은 서로가 친형제요, 친자매처럼 생각하여야만 하는 것입니다. 그래야만 사랑이 절실하게 필요한 우리의 형제들에게 서로가 아픔을 느낌으로써 참 마음으로 자비를 베풀어 형제의 아픔을 치료하는 광선을 발하여 하나님의 사랑을 실천할 수 있게 되는 것이 아닐까요?

위와 같이 형제를 최선을 다해 서로 사랑하는 사람들이 "하나님의 은총 가운데 계속 머물러 사는 사람인 것"입니다.

그러나 제사장과 레위 사람은 강도를 만난 자가 자신의 동족임에
도 불구하고 그가 자기의 친형제와 같이 생각이 들지 않기 때문에 그
의 아픔을 마음으로 느끼지 못함으로써 자기 동족이 강도들에게 두
들겨 맞아 버려진 것을 보고도, 사랑을 실천하지 못하는 것입니다.

그러므로 주님께서 오늘날 우리에게도 하나님을 서로 섬긴다고 하
면서도 제사장, 레위 사람과 같이, 자기 형제의(믿음의 가족의) 궁핍
함을 보고도 사랑하지 않는다면, 그런 사람들 속에 하나님의 사랑이
머물러 있겠습니까? 하고 의문문으로 답하실지도 모릅니다. 그리고
그와 같은 사람들에게 우리 주님은 "네가 살았다는 이름은 가졌으나
실상은 죽은 자로다."(계3:1) 말씀하실지도 모릅니다. 그 말씀은 "죽은
자들로 죽은 자를 장사지내게 하고"라는 말씀과 같은 것입니다. 죽은
자들의 속에는 예수님께서 주시는 생명이 없다는 말씀인 것입니다.
그러한 사람들은 믿음의 가족이 자기의 형제라고 하면서도 형제의
궁핍함을 보고도 돌아보지 아니하고, 자기의 잇속만 챙기는 주여, 주
여 하는 자들이 그런 사람들 속에 속한 것입니다.

그렇습니다.

"우리는 형제를 사랑하기 때문에 죽음에서 벗어나 이미 영원한 생
명을 소유하고 있다는 것을 압니다. **그러나 사랑하지 않는 사람은 죽
음에 그대로 머물러 있습니다.**"(요일3:14; 현대인의 성경) 말씀과 같이 "형
제를 사랑하지 않는 사람은 죽음에 그대로 머물러 있는 것"입니다.

그러나 반대로 사마리아 사람은 "하나님의 사랑이 머물러 있는 사람"이었습니다. 유대인들이 비록 사마리아 사람들을 이방인 취급함으로써 사마리아 사람들이 그들로부터 천대받는 사람들이기는 하지만 유대인과 서로 같은 동족인 것은, 속일 수 없는 사실인 것입니다.

그러므로 사마리아 사람에 대하여 말씀하신 주님의 예화를 이어가겠습니다. 유대인들로부터 천대를 받는 사마리아 사람 가운데 한 사람인 그는 강도를 만나 그들에게 마구 두들겨 맞아서 아무렇게나 버려져 다 죽어가는 동족의 아픔을(사마리아 사람은 그의 옆을 지나가다가 "그를 보고" 가엾은 마음〈불쌍한 생각〉이 들었다는 말씀과 같이) 마음에 느꼈습니다. 그래서 그는 다시 나타날 수도 있는 강도들의 위험을 무릎 쓰고 (우리도 형제를 위하여 목숨을 버리는 것이 마땅합니다.라는 말씀과 같이 위험을 무릎 쓰고) 그에게 가까이 가서 자기 유대인 동족을 치료하고 싸매어 주고는 자기 나귀에 태워 여관으로 데려가서 간호해 주었습니다. 다음날 자기 주머니에서 돈 두 데나리온(현대인의 성경; 한 데나리온은 하루 품삯)을 꺼내어 여관 주인에게 주면서 "저 사람을 잘 돌보아 주시오. 비용이 더 들면 돌아오는 길에 갚아 드리겠소." 하며 떠났다고 말씀하고 있습니다. 예수님의 말씀과 같이 사마리아 사람은 강도를 만난 자신의 유대인 동족을 남에게 책임 전가하지 아니하고 "끝까지 자신이 책임을 지는 지고지순한 사랑"을 그에게 행하였던 것입니다.

그러므로 **사마리아 사람과 같이 자기 형제를 사랑하는 사람**은 "자비는 심판을 이깁니다."라는 말씀과 같이 "심판 날을 떳떳하게 맞이

하는 사람이 되는 것입니다." 그것이 형제를 사랑하는 사람들이 맺는 아름답게 활짝 핀 꽃이요, 극상품의 열매요, 반드시 상을 받는 빛나는 영광의 상급인 것입니다.

"그러면 누가 내 이웃입니까?" 질문하던 율법 학자에게 예수님께서 대답하신 그 이웃은, 위에서 말씀드린 것과 마찬가지로 "고난에 처한 세상 이웃"이 아니라, "예수님을 믿지 않는 동료요, 동네 이웃이요, 옆집 사람"이 아니라 바로 이스라엘 동족이요, 그들의 형제들로서 사마리아 사람처럼 **"고난에 처한 자신의 형제를**(강도 만난 동족을) **돕는 사람"**을 보고 **"그의**(고난에 처한 형제의, 강도 만난 동족의) **이웃"**이라고 말씀하고 있는 것입니다.

그러므로 여호와 하나님께서 "네 이웃을 네 몸처럼 사랑하라." 하신 말씀도 세상 모든 나라 그들의 백성들에게 하신 말씀이 아니라 하나님이 선택하신 이스라엘 나라 이스라엘 백성들에게 명령하신 말씀으로 여러분은 알아들어야만 하는 것입니다. "그리하여야만" 오늘을 사는 예수 그리스도를 믿는 모든 사람에게 그리스도의 지체로서 그리스도를 사랑하듯이 **교회 안에 그리스도 지체로 모인 구성원 모두가 그리스도의 몸으로서 자신의 몸과 같은 형제를 네**(자신의) **몸처럼 서로 사랑하라.** 하셨다고 예수 그리스도를 믿는 모든 사람에게 "여호와 하나님께서 명령하신 말씀"으로 풀어지는 것입니다.

"그럼으로써" 여호와 하나님께서 이스라엘 백성들에게 주신 이웃 사랑의 계명은 오늘날에도 예수님께서 제자들에게 **"서로 사랑하라.**

내가 너희에게 명령한 것이, 바로 이것이다."라고 말씀하신 그리스도의 계명과 서로 다르지 않은 계명이구나! 하는 것을 형제들이라면, 그리고 그리스도인이라면 누구나 다 알 수 있게 되는 것입니다.

그러므로 그리스도께서 제자들에게 "서로 사랑하라" 말씀하셨듯이 "네 이웃"이 가리키는 말씀은 "궁핍한 세상 이웃"이 아니라 **"그리스도를 믿는 모든 형제를 가리키고 있는 말씀임"**을 우리는 알아야만 하는 것입니다.

이러하기에 주님께서는 사도 요한을 통해서 궁핍한 형제를 도와주지 않는 사람에 대하여 "이 세상 재물을 가지고 있으면서 **'형제의 궁핍함'**을 보고도, 도와주지 않는다면 어떻게 하나님의 사랑이 그 사람 속에 머물러 있다고 하겠습니까?" 하고 말씀하고 있는 것입니다. 그와 같이 형제가 궁핍한 생활고에 처해 있는 환경을, 예수님을 믿는다는 자신이 목격하고서도 그러한 형제를 도와주지 않으면, "**하나님의 사랑이 그 사람**(제사장, 레위 사람과 같이 하나님을 믿는다고 말은 하고 있으면서도 우리를 위해 목숨을 버리신 예수 그리스도와 같이 사랑을 실천하여야 하는데, 형제의 궁핍함을 보고서도 사랑을 실천하지 않는 사람) **속에 머물러 있지 않다**는 그 말씀을 우리에게 말씀하고 있는 것입니다."

말씀이 이러하다면 이 세상 재물을 가지고 있으면서, 궁핍한 생활고를 겪고 있는 그리스도의 형제를 보고도 그러한 형제에게 제사장, 레위 사람과 같이 하나님의 사랑을 실천하지 않는다면 결국은 그와 같은 사람들은 누구의 자녀라고 주님은 사도 요한을 통해 말씀하고 있는 것일까요?

새 번역 성경입니다.

"'하나님의 자녀'와 '악마의 자녀'가 여기서 환히 드러납니다. 곧 '의를 행하지 않는 사람'과 자기 '형제자매를 사랑하지 않는 사람'은 누구나 '하나님에게서 난 사람이 아닙니다.'"

현대인의 성경은 "의로운 일을 행하지 않는 사람"과 "형제를 사랑하지 않는 사람"은 **"하나님의 자녀가 아닙니다."** 해석하고 있습니다. 그렇습니다.

어려운 생활고를 겪고 있는 형제를 보고도 제사장, 레위 사람과 같이, 그리고 부자와 거지 나사로에 등장하는 한 부자와 같이 **지나쳐 버린다면,** 그는 하나님의 자녀가 아닙니다.라고 선포하신 말씀은, 하나님의 일을 하지 않는 사람들과 형제를 사랑하지 않는 사람들에게는 정당한 말씀이 되는 것입니다. 그래서 주님은 사도 요한을 통해서 "이와 같이('옳은 일을 하지 않거나' '자기 형제를 사랑하지 않는 자'는 하나님께로부터 난 자가 아닙니다. 말씀과 같이) '하나님의 자녀'와 '악마의 자식'은 **'분명히 구별'**됩니다."(요일3:10; 공동번역 성서) 말씀하는 것입니다.

주님께서는 사도 요한을 통해서 앞에 말씀과 같이 "의로운 일을 하지 않는 사람"이나 "형제를 사랑하지 않는 사람들"은 **"하나님의 자녀"**가 아니라 **"악마의 자식"**이라고 이렇게도 **"분명하게 말씀"**하고 있는데도 불구하고 여호와 하나님께서 이스라엘 민족에게 내려주신 "네 이웃"이 하나님의 자녀들로서 "예수 그리스도를 믿는 모든 형제를 지칭"하고 있음에도 불구하고 "세상 어려운 이웃을 자신의 몸처럼 사랑하라" 하셨다고 계속해서 고집을 부리실 건가요?

전지전능하신 하나님은 악한 자들을 보지도 않으시고 그들의 호소를 들어 주지도 않으시는 분이십니다. 그러므로 그 악한 자들의 울부짖음에는 아무런 힘이 없습니다. 그들이 거만하고 악하므로 하나님께 "도와주십시오" 하고 부르짖어도 하나님은 들은 체도 않으십니다. 라고 말씀하고 있습니다. 그들도 하나님이 창조하셨건만, 그들은 억압이 심해지면 부르짖고 세력이 있는 자들이 억누르면 누구에게나 구원을 청하면서 울부짖지만, **그들을 창조하신 하나님께로 돌아가지 않습니다.** 밤사이에 힘을 회복시켜 주시는 **그 창조주에게로 돌아가지 않습니다.**(욥35:9-13새 번역성경, 공동번역성서) 말씀하고 있습니다.

말씀과 같이 밤사이에 힘을 회복시켜 주시는 "그 하나님께로 돌아가지 않는 그들을," 그리고 자신들을 창조하신 "창조주를 찾지 않는 그들을," 하나님께 "도와주십시오" 하고 부르짖어도 "하나님은 들은 체도 하지 않으신 그들을," "하나님을 믿지 않는 그들을," "그리스도의 지체도 아닌 그들을," 하나님께서 우리에게 **네 이웃을 네 몸처럼 사랑하라."** 하셨을까요?

그러므로 억지로(자기 마음대로) 해석하면 안 되는 것입니다. 형제에 대한 "네 이웃"을 세상 사람에 대한 "네 이웃"으로 바꾸어 해석함으로써 형제 사랑은 등한시하게 되고 세상 어려운 이웃에 대하여는 그들을 도와주라고 강조하기까지 하며 열심히 그들을 사랑하게 됨을 봅니다. 이제는 세상 재물을 가지고 있는 형제들이 자기 형제의 궁핍함을 돕는 일보다 세상 어려운 이웃을 돕는 일들로 균형을 잃고 한쪽으로 기울어지고 있는 것입니다.

"너희를 영접하는 사람은 나를 영접하는 것이요, 나를 영접하는 사람은 나를 보내신 하나님을 영접하는 것이다." 말씀하셨는데도 균형을 잃고 한꺼번에 한쪽으로 몰리는 현상이 대거 나타나고 있는 것입니다. "형제를 영접함"으로써 주님을 영접하는 것이며 "형제를 통해 주님을 영접함"으로써 주님을 이 땅에 보내신 "하나님을 영접하는 것"인데도 그와 같이 "형제를 통하여 주님을, 그리고 하나님을 영접하는 일"을 등한시하게 되는 것입니다.

그러므로서 하나님께로부터 상 받는 일에는 그다지 관심을 두지 않고 있는 것입니다.

"누구든지 **예언자를 영접**하면 예언자가 받을 **상을 받을 것이요.**" 말씀하지 않으셨나요?

"**의로운 사람을 영접**하면 의로운 사람이 받을 **상을 받을 것이요.**" 말씀하지 않으셨나요?

"아주 보잘것없는 사람이지만 그가 **'내 제자라는 이유로'** 그에게 냉수 한 그릇이라도 대접하는 사람은 반드시 **상을 받을 것이다.**" 말씀하지 않으셨나요?

"하나님에게 나아가는 사람은 **그분이 계시는 것**과 또 그분을 진정으로 찾는 사람들에게 **상을 주신다**는 것을 반드시 믿어야 합니다."

말씀하지 않으셨나요?

이렇게 우리 주 **예수 그리스도를 믿는 사람을 영접**하면 예수 그리스도를 믿는 사람이 **받을 상을 반드시 받는다.** 말씀하지 않으셨나요?

세상 어려운 이웃을 영접하면 세상 어려운 이웃이 받을 **상을 받을 것이다.** 주님께서 말씀하셨나요?

세상 어려운 이웃을 도와주지 말라는 말이 아닙니다. 네 이웃을 네 몸처럼 사랑하라는 말씀을 억지로 해석함으로써 여러분들이 "하나님께로부터 받아야 할 상에 대한 기회"를 "세상 이웃에게 빼앗기고 있기에 말씀을 드리는 것"입니다.

형제를 사랑함이 자신이 하나님께로부터 위대한 상을 받을 만큼 중요하건만, 지금 우리는 "형제를 사랑함"에 있어서 너무 멀리하고 있지는 않나요?

그러므로 안타깝게도 "네 이웃을 네 몸처럼 사랑하라." 명령하신 말씀을 따라 실천하는 사랑하는 우리의 형제들이 점점 줄어들고 있는 것입니다. 그것은 **"너희가 서로 사랑하라는" "하나님의 전도 방법"**을 잘 따르지 않고 있기 때문입니다. 만일 하나님의 전도 방법을 오늘날까지 교회가 잘 따르고 순종했더라면, 지금쯤은 교회가 발 디딜 틈도 없이 그리스도의 제자들로 차고도 넘쳤을 것인데 말입니다.

그러므로 하나님의 전도 방법을 잘 따르고 순종했던 초대 교회를 보십시오. 예수님을 믿는 우리의 형제들이 모여 최선을 다하여 서로 사랑하였습니다. 그와 같이 열심히 서로 사랑하는 것을(행2:42-47; 새번역 성경, 현대인의 성경; 그들은 사도들의 가르침에 몰두하며, 서로 사귀는 일과 성찬을 나누고, 기도하는 일에 전적으로 힘썼다. 믿는 사람들은 다 함께 지내며, 모든 것을 서로 나누어 쓰고, 재산과 물건을 팔아 각자 필요에 따라 나누어 주었다. 그들은 한마음으로 날마다 성전에 모이기를 힘쓰고, 집집이 돌아가면서 성찬을 나누고, 기쁨과 진실한 마음으로 함께 식사하며, 하나님을 찬양하고, 모든 사람에게 칭찬을 받았다. 이렇게 초대 교회가 형제들에게 사랑으로 행하는 일들을) 하나님께서 보시고 초대 교회 형제들에게 어떻게 응답하셨습니까?

하루에 3,000명, 5,000명을 초대 교회로 보내서서 제자의 수가 늘어나게 하셨습니다. 이렇게 제자의 수가 늘어나게 된 것이 주님을 영접한 초대 교회 형제들이 밖으로 나가 열심히 전도하여 제자의 수가 하루에 3,000명 5,000명 늘어나게 된 것일까요?

형제들이 서로 사랑하고 하나님께 감사하며 구원받은 기쁨으로 하나님을 찬양함으로써 하나님께서 부르셔서(행2:39; 하나님께서 부르시는 모든 사람에게〈성령을 선물로〉주신 것입니다) 제자의 수가 늘어나게 하신 것이 아니셨나요?

"그래서 모든 사람에게 칭찬을 받았다. 그리고 주님께서도 구원받는 사람을 날마다 더하여 주셨다."라는 말씀처럼 말입니다.

그렇다고 전도하지 않아도 된다는 말이 아닙니다. 전도하되 하나님의 방법을 따르면서 전도하자는 말입니다.

그런데도 "형제들을 자신의 몸처럼 서로 사랑하라는" 하나님의 전도 방법을 잘 따르지 않고 있는 것입니다. 그러므로 형제를 자신의 몸처럼 사랑하는 형제들이 줄어들고 있는 것입니다. 그와 같이 형제를 자신의 몸처럼 사랑하라는 이웃(형제) 사랑을 실천하는 사람들이 점점 줄어든다는 것은 "의로운 일을 하는 사람들"과 "형제를 사랑하는 사람들"이 줄어든다는 것이므로, 그 말씀이 무엇을 뜻하고 있는 말씀인지를 우리는 확실히 알아야만 합니다. 그러므로 우리는 하나님을 두려워하는 마음으로 **"네 이웃을 네 몸처럼 사랑하라는 말씀을 올바르게 깨달아 마음에 새기고 형제들에게 참으로 그리스도의 사랑을 실천하여 그리스도의 몸을 세워야만 하는 것"**입니다.

5) 그릇된 유대인들의 악한 행위의 결과

그런 유대인들은 예수님께서 지적하신 대로 율법학자들과 바리새파 사람들은 모세의 율법을 가르치는 사람들로서 그들의 말은 청산유수와 같아서 하나님의 말씀을 줄줄줄 외우다시피 하며 그 말씀으로 가르치면서도 그들은 "말만하고 실천"하지 않으며 또한 무거운 짐을 남의 어깨에 지우고 자기들은 손끝 하나 까딱하려 하지 않는 사람들이었고 남에게 보이려고 기도할 때 차는 작은 성구함을 크게 하고 옷 술을 길게 달고 다니는 그런 사람들이었습니다. (마23:2~4)

뿐만 아니라 예수 그리스도를 믿는다는 그 당시에 사람들도 "자녀들아, 우리가 말과 혀로만 사랑하지 말고 행동으로 진실하게 사랑합시다."(요일3:18) 사도 요한의 지적처럼 그리고 사도 야고보의 "행함 없는 믿음은 죽은 믿음이라"는 말씀처럼 말은 참 잘하는데 행동이 뒤따르지 않았다는 것도 볼 수가 있습니다.

오늘날도 마찬가지입니다만 어찌 되었든지 간에 예수님 당시에 율법학자와 바리새파 사람들은 자신들이 우두머리인 것처럼 의기가 양양하여 우쭐거리며 으스대고 잔치 자리의 특석과 회당의 높은 자리를 좋아하며 시장에서 인사 받는 것과 선생이라고 불러 주는 것을 좋아하는 사람들로서 허세부리며 과부의 재산을 가로채고 교인 하나를 얻으면 저희보다 배나 더 악한 지옥자식으로 만들고 성전을 두고 한 맹세는 지키지 않아도 무방하지만 성전의 황금을 두고 한 맹세는 꼭 지켜야 한다고 말하며 박하와 회향과 근채의 십일조를 바치라는 율법을 지키면서도 정의와 자비와 믿음 같은 아주 중요한 율법은 대수롭지 않게 여기며 하루살이는 걸러내고 낙타는 통째로 삼키는 그런 자들이었습니다.

이 뿐만 아니라 그들은 잔과 접시의 겉만은 깨끗이 닦아 놓지만 그 속에는 착취와 탐욕으로 가득 차 있고, 회칠한 무덤과 같은 자들로써 겉은 아름답게 보이지만 그 속은 해골과 더러운 것으로 가득 차 있으며 예언자들의 무덤을 단장하고 의로운 사람들의 기념비를 세우며 "우리가 조상들의 시대에 살았더라면 예언자들을 죽이는 악한 일에 가담하지 않았을 텐데" 하고 말함으로써 결국 그들은 예언자를 죽인 사람들의 후손임을 스스로 증거 하고 있다고 예수님은 말씀하고 있습니다.

그러므로 "이제 너희 조상들의 악한 일을 마저 채워라." 고 하시며 "이 뱀들아, 독사의 자식들아, 너희가 어찌 지옥의 심판을 피할 수 있겠느냐?"

그렇기 때문에 피할 수 없는 지옥의 심판에 대하여 "죄 없는 아벨의 피로부터 성전과 제단 사이에서 그들이 죽인 '바라키아의 아들 즈가리야(공동번역)'의 피에 이르기까지 땅에 흘린 의로운 사람들의 모든 피에 대한 형벌이 그들에게 내릴 것이라"고 예수님께서 그와 같이 그릇된 행동을 하던 유대인들에게 예언하셨던 것입니다.

이와 같은 말씀으로 마태복음 23장을 다 채우실 만큼 "대제사장부터 레위계통에 이르기까지 대부분 모두가 타락하여 부패의 온상이 되고 있었던 것"입니다.

6) 영생을 얻는 것에 대하여 질문하는 율법학자

이와 같은 그들이 예수님을 시험하려고 주님을 찾아와서 질문하는 것이었습니다.

그런 그들이 예수님께 찾아와 영생을 얻는 것에 대하여 질문하였던 어떤 율법학자도 그들과 마찬가지였던 것입니다.

그들과 한 통속이던 그 율법학자도 마찬가지로 예수님을 시험하려고 일어나 영생을 얻는 것에 대하여 질문하였던 것이었습니다.

그와 같이 영생을 얻는 것에 대하여 질문한 율법학자의 질문에 대하여 예수님께서 그에게 "율법에 무엇이라고 쓰여 있으며 너는 어떻게 알고 있느냐?" 하고 되돌려 물어보시므로, 그 율법학자는 자신이 잘 알고 있는 율법의 지식으로서 첫째가는 계명으로 "네 마음을 다 하고 목숨을 다하고 뜻을 다 하여 주 너의 하나님을 사랑하라" 하는 계명과 둘째가는 계명으로 "네 이웃을 네 몸과 같이 사랑하라" 명령하신 말씀으로써 자신의 동족이요, 이웃(동포)인 형제 사랑 계명을 그가 예수님께 대답함으로써 예수님께서 그에게 답변하시기를 **"네 말이 옳도다. 그대로 실천하여라. 그러면 네가 살 것이다."** 하고 말씀하셨던 것입니다.

2.

진실로 누가 우리의 이웃일까요?

"그는 '네 마음을 다하고 정성을 다하고

힘을 다하고 뜻을 다하여

주 너의 하나님을 사랑하라.' 그리고

'네 이웃을 네 몸과 같이 사랑하라.' 하였습니다.

그래서 예수님이 그에게

'네 말이 옳다. 그대로 실천하여라.

그러면 네가 살 것이다.'

그 율법학자는 자기가 옳다는 것을 보이려고

'그러면 누가 내 이웃입니까?'

하고 예수님께 물었다."(눅10:27-29; 현대인의 성경)

율법학자는 "네 말이 옳도다."라는 예수님의 그 말씀에 힘입어 자기가 알고 있는 율법지식이 옳다는 것을 보이려고 율법이 가리키고 있는 "네 이웃"에 대하여 "그러면 누가 내 이웃입니까?" 하고 예수님께 물어보았던 것입니다.

그와 같이 예수님께 물어보았던 율법학자는 "영생을 얻으려면 하나님을 사랑하고 자기 동족을 자신의 몸처럼 사랑하라고 하신 말씀에 대하여 잘 알고 있었던 것"입니다. 그래서 그는 "네 마음을 다하고 정성을 다 하고 힘을 다하고 뜻을 다하여 주 너의 하나님을 사랑하라." 하신 말씀으로 신명기 6장 5절의 말씀과 "네 이웃을 네 몸과 같이 사랑하라."고 말씀하신 레위기 19장 18절의 말씀으로 대답하는 것을 볼 수 있습니다.

그와 같이 생각하고 있는 그 율법학자에게 모든 사람들의 이목이 집중되어 계신 예수님께서 "네 말이 옳도다." 하셨으니 자신이 가지고 있는 그 율법의 지식이 얼마나 자랑스러우며 올바른 것이었는지에 대하여 그곳에 있는 사람들에게 자랑하고 싶어졌던 것입니다.

그래서 그는 자기가 잘 알고 있는 그 지식이 옳다고 생각하고 그 이웃이 자신의 동족일 것이라고 말씀하여 주실 것을 내심 기대하면서 "그러면 내 이웃이 누구입니까?" 하고 예수님께 물어 보았던 것입니다.

그와 같이 생각하는 유대인들의 이웃에 대하여 '옥스퍼드원어성경대전'에서도 다음과 같이 "여기서 '**이웃**'이라고 번역된 '플레시온'은 유대적 어법을 따를 경우, **동질성을 가진 '집단'**이라는 뉘앙스를 드러내고 있다. 즉, 유대인들은 이 단어를 **동족, 같은 종교권에 있는 사람**, 혹은 **같은 유대인 집단**을 가리키는 것으로 이해하였다."고 풀이한 것입니다.

그 해석은 맞는 것입니다.

왜냐하면 아래에 가서 이웃에 대하여 더 자세하게 말하여 드리겠지만 여기서는 잠깐 그 해석이 왜 맞는지에 대하여 내용을 간략하게 줄여 설명하여 드리려고 합니다.

1) 이스라엘 민족 자체가 그리스도의 상징이기 때문

유대인들이 "네 이웃"을 "동질성을 가진 집단" 또는 "같은 동족" "같은 종교권에 있는 사람" 혹은 "같은 유대인의 집단"을 가리키는 것으로 이해하였다는 그 말씀은 부름을 받은 이스라엘 민족 자체가 그리스도의 상징으로써 이스라엘은(야곱) 그리스도를 의미하며 그의 피와 몸도 그리스도의 피와 몸을 표상하는 것이기 때문인 것입니다.

그렇기 때문에 **이스라엘의 몸에서 나온 "네 이웃"**은 그리스도에게서 나온 "믿음의 형제"를 나타내며 **이스라엘에게서 나온 "네 몸"**은 조상, 이스라엘로(야곱) 말미암아 태어난 모든 동족으로서 자신의 몸을 가리키는데 그것 또한 그리스도에게서 나온 모든 믿음의 형제로서 자신의 몸인 "네 몸"을 가리키는 것이기 때문입니다. 그러므로 여호와 하나님께서 말씀하신 **"네 이웃"은** 그리스도의 상징으로 "그러한 그리스도의 몸에서 나온 그리스도의 지체로서 그리스도의 몸을 이루고 있는 많은 형제들로 구성된 구성원 모든 식구들을 가리키는 말씀이며" **"네 몸"은** "그런 구성원 가운데 있는 자신의 몸과 같은 서로의 몸임"을 말씀하고 있는 것입니다. "그래야만" ("엡4:21-25; 현대인의 성경; 여러분이 정말 예수님에 대하여 듣고 '그분 안에 있는 진리대로 가르침을 받았다면,' 여러분은 거짓을 버리고 각자 **'자기 이웃**〈슥8:16; 자기 동족, 즉 예루살렘과 유다 백성들〉'에게 진실을 말하십시오. **'우리는 한 몸의 지체들'**입니다."라는 말씀과 같이 그리고 "엡5:30; **'우리는 그리스도의 몸의 지체들'**입니다."라고 말씀하신) 괄호 안에 말씀과 같이 풀어지는 것이기 때문입니다.

그렇기 때문에 하나님께서는 머리이신 그리스도와 한 몸이 된(엡1:23) 믿음의 가족이요 형제요, 우리 자신으로서 그런 이웃을 자기의 몸과 같이 사랑하라고 말씀하신 것으로 여러분은 알아야 하는 것입니다.

그러므로 레위기 19장 18절의 "네 이웃"에 대한 말씀은 예수 그리스도와 그분의 몸을 상징하는 말씀으로서 이스라엘의(야곱) 한 피요, 그의 몸에서 나온 사람들로서 자기의 몸과 같은 혈육이요, 형제요, 이웃이요, 동족인, 그 이웃에 대하여 "네 이웃을(같은 혈육, 형제, 이웃, 동족) 네 몸처럼 사랑하라(레19:18; 마22:39)." 하신 말씀으로 보아야 하는 것입니다.

2) 이와 같은 거짓 증거들에 현혹되지 않으려면

그런데도 하나님께서 "세상 모든 어려운 이웃을 '네 몸처럼' 사랑하라"고 하셨다고 하면서 그와 같이 가르치거나 증거한다면 그것이 거짓 증거인 것입니다.

그러기 때문에 이와 같은 거짓 증거들의 현혹되지(현혹; 정신을 어지럽게 하여 홀리게 하다) 않으려면 여러분은 베드로후서 1장의 말씀에서와 같이 그리스도에 대하여 잘 알아야 하고 그리스도에 대한 믿음과 지식을 풍족하게 갖추어야만 하는 것입니다. 그리하여 여러분은 "마침내 우리 모두가 하나님의 아드님에 대한 믿음과 지식에 있어서 하나가 되어 성숙한 인간으로서 그리스도의 완전성에 도달하게 되는 것입니다. 그때에는 이미 우리가 어린아이가 아니어서 인간의 간교한 유혹이나 속임수로써 사람들을 잘못에 빠뜨리는 교설의 풍랑에 흔들리거나 이리 저리 밀려다니는 일이 있어서는 안 될 것입니다."(엡 4:14; 공동번역) 하신 말씀처럼 어린 아이와 같이 속아 이리 저리 밀려다니지 않는 분간할 줄을 아는 어른으로서 잘 익은 과일처럼 사랑으로 무르익어가는 성숙한 사람이 되는 것입니다.

이와 같이 성숙한 사람이 됨으로써 "도리어 우리는 사랑 가운데서 진리대로 살면서 여러 면에서 자라나, 머리이신 그리스도와 한 몸이 되어야 합니다."(엡4:15)라고 '공동번역'은 말씀을 전하고 있는 것입니다.

3) 성경 어디에 그런 말씀이 기록되어 있는지 잘 찾아보시기를

이와 같이 하나님께서는 하나님의 모든 율법과 예언서에도, 하나님의 사람들로서 "자신의 이웃을 자신의 몸과 같이 사랑해야 할 자기의 이웃"에 대하여 성경 어디에도 "혈연이나 국적에 관계없이 자신의 주위에 있는 자들을 의미한다."고 말씀하시지 않았으며 그와 같이 "내가 '관계를 맺고 있는 바로 그 사람이' 나의 이웃이며(출11:2; 이집트인), 친구이고(삼하13:3; 암논의 간교한 친구 요나답), 동포이다(출2:13; 모세가 서로 싸우는 히브리인에게). 그런 의미에서 바울의 이 권면은 교회 공동체 안에 사람들에게만 제한되는 것은 아니다."라고 어느 유명한 주석에서 로마서 13장 9절의 내용을 해석한 것과 같이 말씀하신 적이 한번도 없었다는 것입니다.

하지만 만일 그와 같은 말씀이 있다면, 믿음의 식구들처럼 그리스도의 지체도 아니요, 자신의 지체도 아닌, 그런 세상 이웃을 내 몸과 같이 사랑할 수도 없겠지만 만일 그런 세상 이웃을 어느 주석에서 주장하는 말과 같이 자신의 몸처럼 사랑했다고 가정하여 본다면 그것으로 인해서 자신의 사랑이 완성되어 그리스도의 나라에 넉넉히 들어갈 것이라고 기록한 말씀이 어디에 있으며, 또한 "세상에 있는 지극히 어려운 세상 이웃을 영접함이 그것이 곧 나를 영접한 것이다."(마10:40~42)라고 주님의 책 어디에 기록하여 말씀하고 있으며, 그리스도의 형제들에게 "이 세상에서 우리가 그리스도처럼 살게 되었으니 사랑이 우리 안에서 완성된 것이 분명합니다." 하여 그리스도의 형제들에게 그와 같이 사랑을 행하는 사람 외에, 성경어디에 세상 사람들을 그리스도와 같이 사랑했다고 그와 같은 말씀으로 기록하여 하나님의 사랑을 믿음의 형제들에게 행한 형제들과 같이 그리스도의 최후의 심판을 떳떳하게 맞이할 수 있다고 하신 말씀이 성경 어디에 기록되어 있는지도 눈을 씻고 찾아보시기를 바랍니다.

그리고 그리스도의 최후의 심판에서도 믿음의 형제가 아닌 사람인, **어려운 세상 이웃**에게 "배고픔의 먹을 것을 주었고, 목마름의 마실 것을 주었고, 나그네 됨의 영접하였고, 헐벗음의 옷 입혔고, 병듦의 돌보아 주었고, 옥에 갇혔음의 가서 보았다고 해서" "그와 같이 해 준 것이 곧 나에게 해 준 것이다." 하시며 그와 같이 어렵고 소외된 세상 이웃을 사랑 했으니 참 잘했다. 그러므로 너희는 오른편(양) 대열에 세움을 받는 것이다.라고 성경 어디에서 그와 같이 말씀을 기록하고 있는지도 잘 찾아보시기를 바랍니다.

만일, 그렇게 말씀하시지 않으셨다면 그렇게 말씀하신 것처럼 해석하는 것은 앞뒤가 맞지 않아도 도무지 맞지 않는 **어불성설의 해석**인 것이며 **거짓 증거인 것**이고 **주님의 말씀에 역행하는 것**이 되는 것입니다.

그러므로 **"자신의 몸처럼 사랑해야 할 이웃은?"** 그리스도와 합한 우리의 모든 믿음의 형제들을 말씀하신 것으로 우리는 알아야 하는 것입니다. 이와 같이 예수 그리스도와 합한 모든 믿음의 형제들끼리 서로 자신의 몸처럼 사랑하라고 해서 가난하고 소외된 세상 이웃을 나 몰라라 하라거나 사랑하지 말라는 말이 아닙니다. 예수님을 믿는 사람들은 세상에서 가난하고 소외되고 어렵고 고난받는 이웃에게도 주님의 말씀처럼(눅6:32; 너희가 만일 너희를 사랑하는 자를 사랑하면 칭찬 받을 것이 무엇이뇨. 죄인들도 사랑하는 자를 사랑하느니라. 눅6:36; 현대인의 성경; 너희 아버지께서 자비로우신 것처럼 너희도 자비로운 사람이 되라.) 사랑을 베풀어야 합니다. "악한 사람에게나 선한 사람에게나 똑같이 햇빛을 주시고 비를 의로운 사람에게나 불의한 사람에게나 똑같이 내리우심이니라."(마5:45) 하심 같이 "우리 하나님의 온전하심 같이 온전해야 하는 것(마5:48)"입니다.

다만 "네 이웃을 네 몸처럼 사랑하라."는 그 말씀은 믿음의 형제들에게 하신 말씀으로서 사도 바울로 말씀하신 바와 같이 "그러므로 기회 있을 때마다 모든 사람에게 선한 일을 하고 **특별히** '믿는 성도들'에게 '더욱' 그렇게 하십시오."(갈6:10; 현대인의 성경) 하신 말씀과 같이 행동해야 한다는 것을 드리는 말씀인 것입니다.

이와 같이 행하여야 함에도 불구하고 자기와 함께하는 우리의 믿음의 형제들도 사랑하지 못하면서 세상 이웃을 자신의 몸처럼 사랑하라. 말씀하셨다고 하면서 "예수님께서는 원수까지도 사랑의 대상에 포함시키도록 명하셨다. (마5:44) 따라서 성도들이 사랑의 대상을 가족과 교회에만 국한 시키는 것은 바람직하지 않다."라고 뭉뚱그려 해석하는 것은 하나님께서 말씀하신 "자신(네)의 이웃을 자기의 몸처

럼 사랑해야 할 그 이웃에 대하여" 몰라도 너무도 모르고 내로남불식
으로 해석하고 있는 것입니다. 그런데요. 만일 "고난받는 세상 모든
이웃"을 주님께서 우리에게 "네 이웃"이라고 말씀하셨다면, 여러분은
한 번 **"아주 깊이깊이"** 고민하듯이 생각을 해 보십시오.

　나는 강도 만난 자를 피하여 지나간 제사장, 레위인을 "나무랄 자
격"이 있는가? 하는 것과 나는 제사장, 레위인과 같이 "같은 행동을
하고 있지는 않았는가?" 하고 말입니다. 그것은 왜냐하면 지금 여러
분들이 교회 식구들뿐만 아니라 세상 어려운 이웃도 "자신의 몸과 같
이 사랑할 이웃"이라고(트리니티말씀대전; "불행을 당하는 세상 모든 이웃"과
우리와 이웃해서 사는 자 부모도 될 수 있고 형제도 될 수 있으며 한동네의 사람, 직
장 동료도 될 수 있습니다. 사람이 살아가면서 가장 많이 부딪치고 질투하고 다투는
상대가 "사실은" 가장 가까이에서 함께 생활하는 "이웃"입니다) 가르침을 받아
서 그렇게 알고 행동하고 있는 사람들이 참으로 많기 때문입니다.

　만일 위와 같이 가르침을 받은 데로 여러분의 마음속에 간직하고
있다면, "그러면 누가 내 이웃입니까?" 하고 질문하던 율법 학자에게
예수님께서 예화를 들어 말씀하신 것을 잘 생각해 보십시오. 여러분
들이 가르침을 받은 대로 **세상 어려운 사람들이 모두 자신의 이웃이
라면?** 여러분은 여러분의 앞을 지나가는 남에게 빌어서 얻어먹고 사
는 거지나, 폐박스를 줍는 그러한 생활환경에 놓인 어려운 사람들이
나, 무슨 이유에서든지 고난의 생활을 하며 외부에서 거주지 없이 먹
고 자는 노숙하는 사람들을 많이 보았을 것입니다. 그렇게 여러분들

이 길을 가다가 세상 어려운 사람들을 보았을 때에, 여러분들은 그들 앞에서 어떻게 행동을 하였을까요? 대부분 그들을 보고서도 제사장이나 레위인처럼 그냥 그들의 앞을 대수롭지 않게 여기고 지나가지 않았을까요? 아니면 그들을 볼 때마다 그들 모두에게 일일이 적선이라도 하셨을까요? 왜 어려운 그들이 자신의 이웃이라고 하고, 자신의 몸과 같이 사랑해야 한다. 라고 가르치거나 그렇게 받아들이면서도 가르치는 사람이나, 가르침을 받는 사람이나 무심코 그들의 앞을 지나가게 되는 것일까요?

왜 자신들은 제사장이나 레위인처럼 세상 어려운 이웃을 보고도 피하여 지나가면서 사마리아 사람처럼 교회가 그들의 진정한 이웃이 되어 주어야 한다고 강조하며 교인들을 가르치는 것일까요?

위와 같이 가르치는 사람이나 가르침을 받은 사람들이 강도 만난 자를 피하여 지나간 제사장이나 레위인은 장차 그리스도의 심판대 앞에 서게 되면(마25:41-45) 어떻게 될 사람들인지를 몰라서 지나가게 되는 것일까요?

만일 **세상 어려운 이웃이 모두 그리스도께서 말씀하신 그 이웃이라면**, 너도나도 그리스도 심판대에서 저주를 받아(마25:41; 저주를 받은 자들아, 내게서 떠나서 악마와 그 졸개들을 가두려고 준비한 영원한 불에 들어가라) 영원한 불에 들어가게 될지도 모릅니다. 그것은 왜냐하면 세계 각처에서 노숙하는 사람들뿐만 아니라 그들과 같이 궁핍한 생활을 하는 세상 모든 어려운 사람들의 앞을 제사장, 레위인과 같이 너도나도 외면하고, 지나간 사람들이 대부분일 테니 말입니다. 세상 어려운 사람들을 일일이 열거하면, 그러한 그들을 자신이 평생을 사는 동안, 한 번도 만나지 않아서 고난을 겪고 있는 그 이웃을 외면하지 않은, 온 세상에 흩어져서 사는 모든 그리스도 형제 중에 몇 명이나 있을까요?

그러므로 "성경을 넘어서서 자기 마음대로 해석하면 안 되는 것"입니다. "네 이웃을 네 몸과 같이 사랑하라." 여호와 하나님께서 말씀하심은 하나님의 백성, 이스라엘 민족에게 하신 말씀이요, 이스라엘 민족은 우리에 대한 비유로서 영적 하나님의 백성으로서 그리스도의 몸에 지체인 우리에게도 하신 말씀이기 때문입니다. 그러므로 "네 이웃을 네 몸과 같이 사랑하라." 말씀하신 여호와 하나님의 말씀은 위에 말씀과 같이 세상 어려운 이웃이 아니라 하나님의 영적 백성들인 오늘날을 사는 우리에게뿐만 아니라 미래 세대인 마지막 날에 세대에게까지 그리스도인 모두에게 하신 말씀으로 우리는 알아야만 하는 것입니다. 그러므로 예수님의 "강도를 만난 자 예화와 거지 나사로 예화"를 기억하십시오. 그리고 그들의 공통점을 찾아보세요. 그러면 여호와 하나님께서 뜻하신 그 말씀의 뜻을 알게 될 것입니다.

여러분이 찾아볼 것은 예수님께서 예화로 말씀하신 "강도를 만난 자와 그 속에 등장인물, 그리고 거지 나사로와 그 속에 등장인물"로서 "그들의 공통점"은 무엇일까요? 하는 것입니다. 그러므로 그들의 공통점을 한 번 찾아보십시오. 그들의 공통점을 잘 찾아보면 아래와 같은 뜻에 말씀이 보일 것입니다. "그들의 공통점은 한결같은 **이스라엘**

의 백성이라는 것이며, 그들은 모두 **야곱의 몸에서 나온 '한 동족'이라는 것**이고, 그들은 **서로가 야곱의 피를 함께 이어받은 '한 형제'라는 것**입니다. 잘 보셨을까요? 그와 같이 예수님께서 말씀하신 위에 말씀이, 등장인물 모두가 하나같이 이스라엘의 동족이라고 나타내시고 있는 것처럼, 그리고 (엡5:30; 공동번역; "우리는 그리스도의 몸의 지체들입니다." 말씀과 같이) **"우리가" "그리스도의 몸에서 나온 그분의 지체"**이듯이, "이스라엘 민족도 야곱의 몸에서 나온 야곱의 지체들"이라는 것을, 우리는 알 수 있는 것입니다. 그러므로 이스라엘 자손 모두가 그와 같이 야곱의 몸에서 나온 야곱의 모든 지체로서 그들이 다 함께 모여서 여호와 하나님의 말씀을 계속 귀 기울여 듣고 있을 때에, 여호와 하나님께서는 "너는 네 마음속에 네 형제를 증오하지 말며 너는 어떻게든지 네 **'이웃'**을 책망하여 그에게 죄를 짓도록 **허용**하지 말라."(레 19:17; 킹 제임스 성경) "너는 복수하지 말며 네 백성의 자손에 대하여 원망을 품지 말고 너는 네 **'이웃'**을 네 몸처럼 서로 **사랑**하라. 나는 여호와니라." 이스라엘의 지도자 모세를 통하여 말씀을 선포하신 것입니다. 앞에 말씀과 같이 이스라엘 민족 자체가 야곱의 몸에서 나온 이스라엘의 한 동족이요, 야곱의 지체들로서, 야곱의 몸에서 나온 그의 지체들 모두가 각각 서로에게 "이웃"이 됨으로써, **"그와 같은 이스라엘 백성이며 온전히 야곱과 한 몸이요, 야곱의 지체인 네 이웃을 네 몸처럼 사랑하라."** 말씀하신 것입니다. 이처럼 "네 이웃"이 위와 같은 뜻의 말씀으로써, 여호와 하나님께서 이스라엘 온 백성들에게 말씀을 선포하신 것입니다. 그러므로 이스라엘 백성들에게 네 이웃을 네 몸처럼 서로 사랑하라고 선포하신 그 말씀은, 참 포도나무와 서로 같은 비유로써, 주님께서 자신의 몸에 대한 비유를 들어, 그리스도를 믿는 우리가 주님의 몸에 붙어 있는 가지라고(요15:5; 나는 포도나무이고 너희는 가지다) 주님의 제자들에게 말씀하셨듯이, "네 이웃"과 "네 몸"이 가리키는 것은, 그리스도의 몸의 비유요, 그분의 가지들인 그리스도의 몸의 지체들로서 우리에 대한 비유로, 이스라엘의 백성을 들어 말씀하신 것으로 우리는 알아야만 하는 것입니다. 그와 같이 그리스도 예수님을 믿는 우리가 그러하기에 그와 같은 뜻에서 주님께서도 사도 바울을 통해서 우리에게 이렇게 말씀하시지 않았습니까?

"이는 우리가 그의 몸과 그의 살과 그의 뼈의 지체임이라."(엡5:30; 킹제임스 성경)라고 말입니다. 주님의 말씀과 같이 "우리가 그와 같은 '그리스도의 몸의 지체들로서' '자신의 몸처럼' 그리스도의 몸 안에서(그리스도의 몸인 교회 안에서) '서로 사랑'하라는 것"입니다. 그 말씀이 에베소서 4장 15절 16절의 말씀으로, 각 사람에게 **그리스도의 몸을 세우게 하려고 직분**을(엡4:11-12; 새 번역 성경, 현대인의 성경) 주신 주님은, 그와 같이 성도들을 준비시켜서 봉사의 일을 하게 하고, 그리스도의 몸 된 교회를 자라게 하려는 것입니다. 하신 것입니다. 그러므로 우리는 위와 같이 서로 사랑하라고 말씀하신 분의 뜻을 알고, 그분의 뜻을 따라 우리가 행하기를 바라는 것입니다. 그러므로 구주이신 주님께서 다음과 같이 사도 바울을 통해 전하신 주님의 말씀을 읽어 보고 많은 깨달음을 받아 서로 함께 기뻐함으로 하나님께 영광을 돌리시기를 바랍니다.

"우리는 **'사랑'** 가운데서 **진리**대로(서로 도와 가며) 살면서 여러 면에서 자라나, **머리이신 그리스도와 한 몸이 되어야 합니다. 온몸은 머리이신 그리스도께 속해** 있으며 (그리스도의 지도를 통하여 온몸이 완전하게 서로 조화되고) **'각 지체가 그 기능대로' '다른 지체를' '도와서' '온몸이 건강하게 자라고' '사랑으로 그 몸을 세우게 되는 것'입니다.**"(엡4:15-16; 공동번역, 새 번역 성경, 현대인의 성경)

율법 학자에게 예화로 말씀하셨던 예수님의 말씀이 위와 같은 말씀인데도 "네 이웃"이 세상 어려운 사람들의 "이웃"으로 "둔갑을 한 것"입니다. 참으로 아이러니합니다.

그러기 때문에 오늘날 교회가 **"교우끼리의 사랑"**을(벧후1:7; 공동번역) 하지 못하고 있는 것이며, 성경에서 그리스도의 가족에게 대하는 일을 아래와 같이 가르치고 있건만 말씀과 같이 가르치는 일도 행하는 일도 교회가 제대로 하지 못하고 있는 것입니다.

그것은 "노인들을 심하게 나무라지 말고 자신의 아버지를 대하듯 권면하는 일과 젊은이들을 자신의 형제처럼 대하는 일과 나이 많은 여자들에게는 자신의 어머니를 대하듯 하는 일과 젊은 여자들에게는 자신의 가족과 같이 일절 깨끗한 마음으로 대하는 일과 의지할 곳이 없는 참 과부들을 잘 보살펴 주는 일로서 어떤 과부에게 자녀나 손자 손녀가 있으면 그들이 먼저 자기 집에서 경건한 생활을 하여 부모의 은혜에 보답하는 법을 배우게 하는 일들입니다. 그런 일들이 '**하나님을 기쁘시게 하는 일**'입니다."(딤전5:1-4; 개역, 현대인의 성경) 기록한 것입니다. 그리고 또한 "누구든지 자기 친족, 특히 자기 가족을 돌아보지 않는 사람은? 믿음을 (공동번역; 벌써) 배반한 사람이며 불신자보다 더 악한 사람입니다."(딤전5:8) 하는 것이며 "믿는 여자에게(여신도의 집 안에) 과부 친척이(공동번역; 과부들이) 있거든 직접 도와주게 하고 교회에 짐을 지우지 않게 하시오. 그래야 '교회가 정말 의지할 데 없는 과부들'을 도울 수 있습니다."(딤전5:16; 현대인의 성경)

이와 같이 말씀하셨음에도 불구하고 오늘날, 누가 자기 친족뿐만 아니라, 특히 자기 가족을 돌보지 않는 사람은? 벌써 믿음을 저버린 사람이며 불신자보다 더 악한 사람이라고 가르치고 있으며, 의지할 데 없는 참 과부뿐만 아니라 그러한 형제들에게도 교회가 어떠한 도움을 주고 있으며, 믿음의 자녀들로 자기 집에서 먼저 효를 행하여 그러한 부모의 은혜에 보답하는 법을 배우게 하고 있으며, 그들의 믿음의 친척들로(그리스도를 믿는 신도의 친족들로) 어떻게 직접 도와주게 하고 있다는 말입니까?

그만큼, 우리 믿음의 식구 모두가 하나님의 한 가족임에도 불구하고 그분의 가족으로서 그리스도의 몸 된 교회요, 지체로서 교회가 그 역할을 다하지 못하고 있는 것입니다. 그럼으로써 많은 우리의 아이들과 형제들이 교회의 그러한 행동에 상처를 받고 떠나고 있는데도 모르고 있는 것입니다. 이와 같이 하나님의 말씀에 귀 기울이지 않는 교회의 현실이 엮은이로서는 안타까울 뿐인 것입니다.

오늘날 교회의 현실이 그렇습니다.

4) 모세의 법 중에서 가장 큰 계명이 어느 계명입니까?

이처럼 형제 사랑에서 멀어져만 가는 여러분은 하나님께서 말씀하신 자신의 몸에 관한 비유의 말씀인 "네 이웃"에 대하여 더욱더 잘 알아야만 하는 것입니다.

그것은 여호와 하나님께서 율법에 "네 이웃"에 대하여 기록하심 같이 예수님께서도 "네 이웃에 대한 계명"을 하나님의 모든 계명 중에서 둘째 되는 계명으로 어느 한 율법학자의 질문에 답하신 것입니다.

이 장면에서도 한 율법학자가 예수님을 시험하려고 "선생님, 모세의 법 중에서 가장 큰 계명은 어느 계명입니까?" 하고 물었습니다.

그래서 예수님께서는 그 율법학자에게도 이렇게 대답하였습니다.

"네 마음을 다하고 목숨을 다하고 뜻을 다하여 주 너의 하나님을 사랑하라 하셨으니 이것이 크고 첫째 되는 계명이요.

둘째는 그와 같으니 네 이웃을 네 몸과 같이 사랑하라. 하셨으니 이 두 계명이 온 율법과 선지자들의 강령(강령; 일의 으뜸 되는 줄거리)이니라(마22:37~40)." 공동번역도 **"이 두 계명이 모든 율법과 예언서의 골자이다."** 해석한 것입니다.

무슨 말씀입니까?

예수님께서 하신 말씀은 모든 율법과 선지자들의 가르치는 하나님의 모든 말씀이 "네 마음과 목숨과 뜻을 다하여 주 너의 하나님을 사랑하라." 하신 것과 "네 이웃을 네 몸과 같이 사랑하라." 하신 이 두 계명 속에서 나왔다고 말씀하시는 것입니다.

그 말씀의 뜻은 첫째 되는 계명으로 **하나님을 사랑하는 것**과 둘째 되는 계명으로 **하나님의 자녀로서 그분의 자녀인 네 이웃을**(그리스도의 지체를) **자신의 몸처럼 사랑함**으로써 사랑으로 그리스도의 몸을 세우는(엡4:16; 공동번역; 완성해 나가는 것) 것을 말씀하는 것입니다.

5) 둘째 되는 계명 속에

그렇기 때문에 둘째 되는 계명으로 사도 바울로 기록하신 말씀을 보면 "간음하지 말라. 살인하지 말라. 도둑질하지 말라. 탐내지 말라.라는 계명이 있고 또 그 밖에 다른 계명이 있을지라도 그 모든 계명은 **네 이웃을 네 몸과 같이 사랑하라.'는 이 한마디에**(이 계명 속에) **다 들어 있습니다.** 하신 것입니다."

이와 같이 사람의 모든 계명이 들어 있으며 그것들을 하나로 묶는 사랑이라는 큰 끈으로 "네 이웃을 '네 몸과 같이' 사랑하라." 하신 말씀에 대하여 우리는 잘 알아야 하는 것입니다. 그것은 "그리스도에 대한 말씀"으로써, 우리가 머리이신 그리스도의 몸으로서 같은 믿음의 형제들끼리 진실된 마음으로 서로 도우며 서로 사랑함으로 하나가 됨으로써 그리스도의 몸을 세우라는 말씀으로 알아들어야 하기 때문입니다.

왜냐하면 "네 이웃을 네 몸과 같이 사랑하라."는 그 말씀은 여호와 하나님께서 "네 이웃 사랑하기를 네 몸과 같이 하라." 하신 말씀과 예수님께서 제자들에게 "너희가(세상의 어려운 이웃이 아닌 예수님의 제자들에게) 서로 사랑하라." 명하신 말씀은, 같은 말씀으로서 **자신과 같은 그리스도의 지체인 그 이웃을 자신의 몸처럼 사랑하라.**" 하신 말씀으로서 그와 같이 풀어져야 하기 때문입니다.

6) 자신의 이웃을 자신의 몸처럼 사랑하는 사람에 대하여

그와 같이 풀어짐으로써 자신의 이웃을 자신의 몸과 같이 사랑하는 사람에 대하여 "이웃에게 악을 행치 아니하나니"라는 말씀처럼 그러한 "이웃에게(자기 동족이요, 자신의 지체에게) 해로운(자신의 재물을 욕심으로 끌어안고 같은 형제의 지체가 죽도록 내버려두어 살인하는) 일을 하지 않고 돌아보는(요일3:16; 형제를 위해 목숨을 버리는; 곧, 자신의 생명과 같은 소중한 재물로 형제의 생명을 살리는) 사마리아 사람과 같은 사람이 되는 것이기 때문"입니다.

그와 같은 사람이 사도 요한으로 말씀하신 것처럼 그리고 계명으로 주신 것처럼 "형제를 위하여 목숨을 버리는 사람"이며 **"자신의 이웃을 자신의 몸처럼 사랑하는 사람"**이 되는 것입니다.

그 말씀은 진실로 예수님을 믿는 우리가 흉악한 결박에(공동번역; 억울하게) 묶여 있는 형제, 압제받는 형제, 굶주린 형제, 유리하는 빈민이 된(공동번역; 떠돌며 고생하는) 형제, 헐벗은 형제, 어려운 가운데에 있는 자기의 골육과 쪼들린 형제 그리고 거반 죽게 된 그러한 자기의 형제요, 동족을 보고 한 제사장과 한 레위 사람과 같이 피하여 지나가지 않음으로써 그와 같이 괴로움과 어려움 속에서 고난받고 있는 그리스도의 가족이요, 형제요, 그분의 지체요, 그분의 몸인 그 이웃에게(예수님을 믿는다고 하면서도 마태복음 25장에 악인들처럼 자신의 지체가 아니므로; 죽도록 버려 두는) 악을 행하지 않는 사람들이라는 것을 말씀하는 것입니다.

바로 그런 사람들이 "네 이웃을 네 몸처럼 사랑하라." 하신 말씀에 순종하며 사는 사람들인 것이요, 그리스도를 사랑하는(요14:21) 그리스도의 참 형제들이라는 것을 말하는 것입니다. 이와 같이 **"그리스도의 지체로서 제 기능을 다하는 형제들"**을 보고 사도 바울은 "각 지체가 그 기능대로 다른 지체를(형제들을) 도와서 온 몸이 건강하게 자라고 사랑으로 그 몸을 세우게 되는 것입니다."(엡4:16; 현대인의 성경)라고 말씀을 전하고 있는 것입니다.

7) 여호와의 말씀을 상기해야만

지금까지 "네 이웃에 대하여" 말씀을 드렸지만 그래도 의문이 든다면 맨 처음 여호와 하나님께서 말씀하시던 출애굽으로 돌아가서 그 말씀을 상기해야만(상기; 지난 일을 다시 생각하여 냄) 합니다.

왜냐하면 그 당시에 하나님께서 "네 이웃 사랑하기를 네 몸과 같이 하라 나는 여호와니라." 이스라엘의 지도자 모세를 통하여 말씀을 주시면서 그 말씀을 **누구에게 왜, 선포하라고 하셨는가?** 하신 말씀이 생각나게 될 것이기 때문입니다.

3.

내가 거룩하니
너희도 거룩하라

"여호와께서 모세를 통하여
이스라엘 백성에게 이렇게 말씀하셨다.
'나 여호와 너희 하나님이 거룩하니'
너희도 거룩하여라."(레19:1,2; 현대인의 성경)

여호와 하나님께서는 말씀하셨습니다.

"여호와께서 모세에게 일러 가라사대 너는 이스라엘 자손의 온 회
중에게 고하여 이르라. 너희는 거룩하라. 나 여호와 너희 하나님이
거룩함이니라."(레19:1,2) 성경에 기록하심과 같이 하나님께서는 선택
하신 백성 곧 이스라엘 백성 온 회중에게 이렇게 일러 주어라 하시며
말씀의 포문을 여신 것입니다.

그것은 하나님께서 거룩하시므로 거룩하신 하나님께서 그들과 함께 거하시기 위해서는 하나님의 선택받은 거룩한 백성들로서 마땅히 각 사람으로 모두가 하나님을 알며 그분의 거룩한 자녀들로서 거룩한 생활을 해야 한다는 것을 백성들이 알도록 이스라엘 온 회중에게 말씀을 선포하게 하신 것입니다.

이와 같이 말씀하심에 대하여 예수님 당시의 율법학자들도 잘 알고 있었던 것이었습니다.

어떻든지 간에 그와 같이 말씀하신 "네 이웃을 네 몸과 같이 사랑하라."에 대한 말씀은? 이스라엘의 지도자 모세로 선포하시는 중에 하신 말씀으로서 "원수를 갚지 말며 동포를 원망하지 말며 이웃 사랑하기를 네 몸과 같이 하라. 나는 여호와니라(레19:18)." 하신 내용이었습니다.

'공동번역'은 본 절의 말씀을 다음과 같이 해석합니다.

"동족에게 앙심을 품어 원수를 갚지 말라. 네 이웃을 네 몸처럼 아껴라. 나는 야훼이다." 풀이한 것입니다.

여기서 우리가 알아야 할 것은 여호와께서 말씀하신 "네 동포를 원망하여 원수를 갚지 말라. 네 이웃 사랑하기를 네 몸과 같이 하라. 나는 여호와니라."에서 **"네 동포" "네 이웃"**은 다 "이스라엘 동족들에 대한 언어적인 표현이라는 것"입니다.

그것은 왜냐하면 하나님께서는 여러 나라, 여러 민족을 선택하신 것이 아니라 이스라엘 한 민족을 선택하셨기 때문인 것입니다. 또한 그들을 애굽(이집트)의 종살이로부터 구원하여 주시고 광야에서 모세를 통하여 하나님께서 그분의 거룩한 계명들을 그들이 지키며 살 수 있도록 이스라엘 자손의 온 회중에게 선포하게 하신 것이기 때문입니다.

이와 같이 하신 것은 하나님의 백성들이 그분의 백성들로서 일상에서 겪는 어려운 일들을 만났을 때에 선택받은 민족이요, 야곱의 피를 나눈, 한 형제들로서 서로 지켜야 할 거룩한 생활규범을 주심으로 "내가 거룩하니 너희도 거룩하라." 말씀하신 여호와의 말씀처럼, 그들은 거룩한 백성으로서 거룩한 생활을 해야 함을 강조하신 말씀으로써 다른 나라, 그들의 백성이 아니라 바로 이스라엘 나라요, 야곱의 백성들에게 주신 것입니다.

그러므로 이스라엘(야곱) 백성들이 일상에서 겪는 일들 가운데서 백성들 간에 부딪치는 것들에 대한 하나님의 선한 방법을 내려 주시기 위하여 이스라엘 백성들을 부르시거나, 그들에게 명령을 전달하시거나, 이스라엘 백성들 가운데 누구를 지명하실 때에 대한 표현으로서 언어로 표현하시기를 레위기 19장에서만 보더라도 "너희"는 "너"는 "백성(겨레)" "너"의 "이웃" "네 이웃" "네 형제" "동포(동족)" 등으로 말씀하심으로써 야곱으로 말미암은 한 핏줄이요, 한 동족이요, 한 형제요, 그들의 이웃으로 그들을 부르신 하나님은 자신의 거룩하심으로 말미암아, 부름 받은 백성들도 하나님께서 그들 안에 거하시기 위해서는 그들의 거룩함도 필수적인 것이었습니다.

그렇기 때문에 하나님께서 "나 여호와 너희 하나님이 거룩하니 너희도 거룩하여라."(레19:1) 말씀하시고 거룩한 백성으로서 거룩한 생활해야 하는 백성들에게 거룩함에 대한 하나님의 계명들을 주심으로써 그와 같이 살아야, 하나님과 함께 살 수 있다는 것을 이스라엘 백성들에게 알게 해 주신 것으로서 이는 실로 **예수 그리스도를 믿는 우리에 대한 예시임**을(예시; 미리 보이거나 알림) 우리는 알아야 하는 것입니다.

1) 거룩한 생활을 해야 하는 것은 오늘날도 마찬가지

그렇기 때문에 우리가 주님의 거룩한 백성으로서 거룩한 생활을 해야 하는 것은 오늘날도 마찬가지인 것입니다. 왜냐하면 그것은 "하나님은 우리가 자기 앞에서 '거룩하고 흠'이 없게 하시려고 세상을 창조하시기 전에 '그리스도 안'에서 우리를 선택하셨습니다."(엡1:4; 현대인의 성경) 하신 것과 "우리는 살아계신 하나님의 성전입니다. 내가 그들과 함께 살며 그들과 함께하여 나는 그들의 하나님이 되고 그들은 내 백성이 될 것이다. 그러므로 너희는 '그들 가운데서 나와 따로 있고 더러운 것을 만지지 말라.' 그러면 내가 너희를 맞아들이겠다. 나는 너희 아버지가 되고 너희는 내 자녀가 될 것이다. 전능한 주의 말이다. 그러므로 사랑하는 여러분, '우리가 이런 약속'을 받았으니 '몸과 영혼을 더럽히는 모든 것에서 우리 자신을 깨끗하게 하고 하나님을 두려워하는 마음으로 온전히 거룩한 생활'을 해야 합니다."(고후 6:16~18; 7:1; 현대인의 성경) 하신 것과 "그 후에 내가 그들과 맺을 새로운 계약은 이렇다. 내가 나의 계약을 그들 속에 새기고 그들의 마음에 기록할 것이다. 그러고서 성령님은 '그들의 죄와 악한 행동을 내가 다시는 기억하지 않을 것이다.'라고 하신 것입니다. 이런 죄와 악한 행동을 용서받았으므로"(히10:16-18; 현대인의 성경) 하신 것과 "우리가 '이미 마음에 피 뿌림을 받아 악한 양심'이 깨끗해졌고 우리의 몸도 맑은 물로 씻었으니 이제부터는 진실한 마음과 확고한 믿음으로 하나님께 나아갑시다."(히10:22)라고 전하고 있는 것입니다.

그리고 또한 "너희가 하나님의 성전인 것과 하나님의 성령이 너희 안에 거하시는 것을 알지 못하느뇨? 누구든지 하나님의 성전을 더럽히면 하나님이 그 사람을 멸하시리라. '하나님의 성전'은 거룩하니 너희도 그러하니라."(고전3:16,17) 하신 것과 "**하나님의 뜻은 '여러분이 거룩하게 사는 것'입니다.** 그러므로 여러분은 음란한 짓을 버리고⋯ 남의 아내를 가로채지 마십시오."(살전4:3; 현대인의 성경) 하신 것과 "거룩하게 살기를 힘쓰십시오. **거룩해지지 않고서는 아무도 주님을 뵙지 못할 것입니다.**"(히12:14)라고 말씀하신 것입니다.

이와 같이 예나 지금이나 거룩한 생활을 해야 하는 것은 오늘날도 마찬가지인 것입니다.

그러한 여러분은 거룩하신 그분의 백성들로서 "네 이웃 사랑하기를 네 몸과 같이 하라" 하신 말씀을 "세상 모든 민족"을 모아 놓고 하신 말씀이 아니요, "세상 민족들"을 향하여 그와 같이 살라고 하신 말씀도 아닌 것입니다.

오직, 이스라엘 한 민족을 부르시고 그들을 하나님의 백성으로 삼으시며 하나님과 함께 영복을 누릴 거룩한 백성들로서 마땅히 지켜야 할 거룩한 계명들을 이스라엘 백성들에게 주신 것입니다.

그것은 실로 우리에 대한 말씀이며 "우리는 아무에게도 나쁜 짓을 하지 않았고 해치거나 속여 뺏은 일도 없습니다."(고후7:2)라고 자신의 깨끗함을 고백한 사도 바울과 같이 이스라엘 백성들을 통하여 **"우리에게 주신 예시"**로서 오늘날도 마찬가지로 마음에 그리스도의 피로 뿌림을 받아 악한 양심이 깨끗해진 사람들로서 악을 멀리해야 하며 여호와의 거룩한 백성들로서 거룩한 생활을 해야 함을 강조하신 말씀으로 우리는 알아야 하는 것입니다.

4.

이스라엘 백성들은
그리스도에 대하여 쓰신 편지

"너희가 성경에서

영생을 얻는 줄 생각하고 성경을

상고(상고; 꼼꼼하게 따져서 참고하거나 검토함)하거니와

이 성경이

곧 내게 대하여 증거 하는 것이라."(요5:39)

왜냐하면 그것은 이스라엘 백성들을 선택하시고 모세로 선포하신
하나님의 말씀은 그들로 말미암아 **그리스도에 대하여 쓰신 편지**로서
이스라엘 백성들은 예수 그리스도에 대한 예표이기 때문인 것입니다.
그래서 성경에 기록한 이스라엘의 역사를 그들의 역사로만 보면
성경의 문은 열리지 않는 것입니다.

왜냐하면 그것은 "성경은 전부가 하나님의 계시로 이루어진 책이기 때문입니다(딤후3:16; 공동번역)." 또한 "이것은 모세가 나의 관해서 기록했기 때문이다."(요5:46; 현대인의 성경)라고 말씀하심과 같이 **"이 성경이 곧 내게 대하여 증거하는 것이로다**(요5:39)."라고 예수님께서 분명하게 이 성경이 예수님 자신에 대하여 증거하는 책이라고 말씀하고 있기 때문입니다.

그렇기 때문에 성경의 주인공이신 예수 그리스도를 빼고서는 성경은 절대로 풀리지가 않는 것입니다. 이와 같이 "네 이웃을 네 몸처럼 사랑하라." 하신 말씀을 해석함에도 주인공이 있어야 할 그 자리에 엉뚱한 이웃을 끌어다가 그 자리를 대신 채움으로써 영화가 영화와 되지 못하고 작품의 본래의 취지를 상실하여 오히려 그 작품을 망치고 있는 것과 같은 일들이 제멋대로 해석하는 그와 같은 사람들의 의하여 계속해서 되풀이되어 일어나고 있는 것입니다.

1) 이스라엘 백성들은 야곱의 한 몸에서 나온 한 동족

이스라엘의 백성들은 야곱의 한 몸에서 나온 사람들로서 한 동족을 이루고 있는 사람들인 것입니다. 그들에게 하나님께서는 "네 이웃을 네 몸처럼 사랑하라." 하신 것입니다.

그 말씀은 무엇을 뜻하는 말씀일까요?

위에서 잠깐 말씀을 드렸다시피, 그 말씀의 뜻은 말씀 중에서 **"네 이웃"이라 하심은?** 야곱에게서 나온 한 동족으로서 "네 이웃"을 가리키는 말씀이며 **"네 몸"이라 하심은?** 야곱의 몸에서 나온 그의 지체들로서 많은 이스라엘의 백성들이 야곱 안에서 야곱과 한 몸임을 가리키는 말씀으로 서로 지체가 되었다는 것을 뜻하신 말씀인 것입니다.

그렇기 때문에 야곱에게서 나온 그의 지체인 "그 이웃을 사랑"하면 야곱 안에서 한 구성원으로서 그들을 낳은 자신들의 몸이요, 머리인 조상 **"야곱을 사랑하는 것"**이 되는 것입니다.

5.

그 말씀은 그리스도에 대한
비유의 말씀인 것

"이는 우리가

그(예수님)의 몸과

그(예수님)의 살과

그(예수님)의 뼈의 지체임이라."(엡5:30; 킹 제임스 성경)

위에서 말씀 드린바와 같이 이스라엘 동족에게 "네 이웃을 네 몸처럼 사랑하라." 하신 그 말씀은 **그리스도에 대한 비유의 말씀인 것**입니다.

왜냐하면 그것은 이스라엘의 민족이 야곱의 몸에서 나온 것처럼 우리가 그리스도의 몸에서 나온 사람들이기 때문인 것입니다.

'킹 제임스 성경'의 말씀입니다.

"이는 우리가

그(그리스도)의 **몸과**

그(그리스도)의 **살과**

그(그리스도)의 **뼈의 지체임이라.**"(엡5:30)

같은 구절을 '공동번역성서'는 다음과 같이 해석합니다.

"우리는

그리스도의 몸의 지체들입니다."(엡5:30)

이와 같이 **우리가 그리스도의 몸에서 나온 지체들**이기 때문에 고 난 가운데에 있는 형제를 돕는 그러한 일에 대하여서도 예수님께서 말씀하시기를 "내가 분명히 말하지만 너희가 이들 '내 형제' 중에 아 주 보잘것없는 사람 하나에게 한 일이 **바로 나에게 한 일이다.**"(마 25:40; 현대인의 성경) 하고 말할 것이다. 하신 것과 고난 가운데 있는 형 제를 돕지 않는 일에 대하여도 말씀하시기를 "임금은 '똑똑히 들어 라.' 여기 있는 '형제들' 중에 가장 보잘것없는 사람 하나에게 해 주 지 않은 것이 **곧 나에게 해 주지 않은 것이다.**' 하고 말할 것이다."(마 25:45; 공동번역) 하신 것입니다. 또한 예수님, 자신을 믿는 사람을 실족 케 하는 것에 대하여도 말씀하시기를 "누구든지 '나를 믿는 이 소자' 중 하나를 실족케(죄 짓게) 하면 차라리 연자 맷돌을 그 목에 달고 바다에 빠져 죽는 것이 더 낫다."(막9:42)라고도 말씀하신 것이며 또한 사울의 핍박을 받는 형제들에 대하여도 사울 앞에 현현하신 주님께서는 **"사울아, 사울아, 네가 왜 나를 핍박하느냐?"** 하는 음성으로 사울을 막아 세우셨습니다. 그 음성에 사울이 대답하기를 **"주여, 뉘시옵니까"** 하고 물으니 **"나는 네가 핍박하는 예수니라"** 말씀하신 것입니다.

1) 그러기에 그리스도의 최후의 심판에서도

그러기에 그리스도의 최후에 심판에서도 그날에 오른편에 있는 의인들은 예수님께서 말씀하신 것처럼, 주님께서 그와 같이 고난에 빠졌을 때에 주님께 말씀드리기를, "주여 우리가 어느 때에 주의 주리신 것을 보고 공궤하였으며(공궤; 윗사람에게 음식을 드림), 목마르신 것을 보고 마시게 하였나이까? 어느 때에 나그네 되신 것을 보고 영접하였으며, 벗으신 것을 보고 옷 입혔나이까? 어느 때에 병든 것이나 옥에 갇히신 것을 보고 가서 뵈었나이까?" 하고 대답할 것이라는 것입니다.

이와 같은 저희의 대답은 실제로 주님께서 고난의 역경 속에서 힘들어 하시는 그런 모습을 봬 온 적이 없어서 말씀과 같이 직접적으로 해 드린 적은 없었다는 것을 정직하게 고백한다는 것입니다.

다만 저희들은 형제들에 대한 그 모든 일에 마땅히 할 일을 했을 뿐, 도와주고 그 일로 생색을 내거나 그것을 득하여 사람들에게 보이려고 대대적으로 광고하며 자신들의 의로운 행위를 자랑하여 자기의 상을 이미 받은 자들과 같이 하지 않았다는 것을(마6:2) 나타내고 있는 것입니다.

그것은 저희의 겸손함을 내보이고 있는 그런 말이라고 '옥스퍼드원어성경대전'은 해석한 것입니다.

그러나 주님께서는 "그때 왕은 그들에게 내가 분명히 말하지만 '너희가 이들 내 형제 중에 아주 보잘것없는 사람 하나에게 한일이 바로 내게 한 일이다.' 하고 말할 것이다."(마25:40; 현대인의 성경) 하신다는 것입니다.

무슨 말씀이십니까?

그 말씀은 예수 그리스도를 믿는 사람들은 그리스도와 연합하여 한 몸 된 사람들로서 그리고 그리스도의 몸으로부터 뻗어 나온 그리스도의 몸의 가지로서 **"우리는 그리스도의 몸의 지체들입니다."**(엡5:30; 공동번역)라는 말씀과 같이 형제가 그리스도 몸 안에 그리스도의 지체로서 그리스도와 함께 살고 있음을 뜻하신 말씀인 것입니다. 그렇기 때문에 속담에 **"열 손가락 깨물어 안 아픈 손가락 없다."**라는 말과 같이, 주님께 우리가 그와 같은 가지로서 믿음의 형제가 핍박을 받으면 그리스도께서도 핍박을 받으시는 것이며, 목마르면 목마르신 것이고, 헐벗으면 헐벗으신 것이고, 굶주리면 굶주리신 것이고, 병이 들면 병이 들어 아프신 것이고, 나그네 되면 나그네가 되신 것이며, 감옥에 갇히면 주님께서 그 형제와 함께 감옥에 갇히신 것이라고 말씀하시는 것입니다. 그만큼 **우리는 그리스도의 몸으로 그리스도와 함께 살고 있는 것입니다.**

그렇기 때문에 우리가 진실로 그러한 형제를 사랑한다면 그것이 곧 고통을 형제 안에서 형제와 함께 겪고 계신 그리스도를 사랑하는 것이 되는 것이며, 우리가 그리스도의 지체로서 그리스도와 한 몸으로 그리스도의 몸으로 살고 있는 사람으로서 서로 사랑한다면 그러한 일들이 같은 그리스도의 몸으로서 자신의 몸을 사랑하는 일이 되는 것입니다.

그러므로 그와 같이 고통을 당하고 있는 형제에게 사랑을 행하는 사람들은 그리스도의 몸을 이루고 있는 많은 형제들로서 그리고 주님의 몸의 구성원으로서 결과적으로는 말씀과 같이 **"네 이웃(형제)을 자신의 몸처럼 사랑하는 사람이 되는 것"**입니다.

이와 같이 구원 받은 우리들이 의로운 일들을 함에 있어서 그런 일들을 우리가 어렵게 처리해야 한다거나 정도가 지나치게 많은 힘을 들여 힘겹게 해결해야 하는 그런 어려운 숙제가 아니었던 것입니다. 때로는 있을 수도 있겠지만 말입니다.

그러나 하나님께서는 본 절에서 의인들이 고난받는 형제들에게 자신에게 주어진 능력으로 크든지, 작든지 힘이 되어 줌으로써 형제들을 그들이 겪고 있는 그 고난 가운데서 건져 냄으로써 서로에게 기쁨을 선사함과 같이, 구원 받은 우리도 그리스도와 한 몸이요, 한 지체로서 자신의 몸과 같이 서로 사랑함에 있어서 본 절의 의인들과 같이 서로 사랑하고 섬기며 사는 사람들에게 내어 주신 그분의 숙제는 결코 어려운 숙제가 아니었던 것입니다.

그분의 숙제는? 가장 평범하고 누구든지 행할 수 있는 각 사람의 능력에 맞는 달란트의 숙제를 우리 그리스도의 형제들에게 내어 주신 것입니다. 그것도 우리가 선한 일을 하고 나서 끝나는 그런 달란트의 숙제가 아니라 "가난한 사람을 돕는 것은(신15:2,11; '자기 동족'에게 돈을 빌려준 사람은, 말씀처럼, '여러분〈동족, 형제들〉 중에는' 가난한 사람이 있기 마련입니다. 그래서 내가 여러분에게 '가난한 사람을 아낌없이 도와주라고 **명령**하는 것' 입니다) **여호와께 빌려주는 것이니** 여호와께서 그의 선행을 반드시 갚아 주실 것이다."(잠19:17; 고후9:6,9,10, 현대인의 성경) 믿음으로 행하는 일로서 하나님께서 우리의 선행을 되돌려 그 이상으로 갚아 주시는 그분의 복을 받는 복의 통로(빌4:18,19)로써, 적게 뿌리는 자는 적게 거두고 많이 뿌리는 자는 많이 거두는(고후8:15) 그러한 숙제로서 그리고 우리를 위하여 하늘에 보물을 쌓는(마6:20; 19:21) 하늘을 향한 마음 든든한 숙제로서 우리에게 내어 주신 것입니다.

또한 그러한 일들이 곧 의의 열매를 맺는 것들로서 "내 아버지의 복을 받은 사람들아,"(마25:34)라고 부르심과 같이, 우리 주 예수 그리스도의 아버지 하나님의 복을 받는 그분의 자녀라면, 누구나 할 수 있는 그러한 숙제를, 그분의 달란트를 받은 우리 모든 믿음의 형제들에게 내어 주신 것입니다. 그러므로 "주위 사람들에게 관심을 가지고 그들이 어려울 때에 베풀 줄을 아는 사람이 진짜, 콩 한 쪽도 나눠 먹는 사람이라고 제주의 소리 김미정 씨의 말처럼" 고난받는 우리의 형제에게 관심을 가지고 **그리스도의 마음으로 작은 것이라도 진심으로 힘이 되어 주는 그런 사람**이 그분이 내어 주신 숙제를 지혜롭게 잘 해결해 나가고 있는 사람인 것입니다.

그런 사람이 우리의 진정한 믿음의 형제요, 자신의 이웃인 형제를 자신의 몸처럼 사랑하는 사람인 것입니다.

그래서 주님께서도 "내가 분명히 말해 둔다. 아주 보잘것없는 사람이지만 **'그가 내 제자라는 이유로'** 그에게 냉수 한 그릇이라도 대접하는 사람은 반드시 '상을 받을 것'이다."(마10:42; 현대인의 성경) 말씀하신 것입니다.

그러므로 이제부터는 우리도 콩 한 쪽도 나눠 먹는 형제들처럼 어떠한 사소한 것이라도 우리가 서로 "그리스도의 형제이기 때문에" 나누며, "그리스도의 지체이기 때문에" 서로 도우며, "그리스도의 몸이기 때문에" 서로 생각하며, "하나님의 가족이기 때문에" 서로 힘이 되어 주며, 그와 같이 그리스도의 몸으로 사는 사람들로서 마땅히 서로를 위하며 살아야 하는 것입니다.

그러므로 사도 요한을 통하여 말씀하신 것과 같이 자신의 생명과 같은 소중한 재물로(요일3:16,17) 자신이 할 수 있는 대로(고후9:7; 각자 마음의 작정한 대로 아까워하거나 억지로 하지 말고) 내어 줌으로써 **자신 안에**

있는 그리스도의 사랑을 실천해야 하는 것입니다.

왜냐하면 그렇게 함으로써 "내(그리스도의) 형제 중에 보잘것없는 사람(예; 고난과 역경 중에 있는 형제) 하나에게 한 것이 곧 내(예수님)게 한 일이다." 예수님께서 말씀하심과 같이 **고난과 역경 중에 있는 형제와 함께 계신 우리 주님께 한 일**"이 되는 것이기 때문인 것입니다.

이와 같은데도 형제와 서로 사랑하지 않는 사람들이 있는 것입니다. 만일, 예수 그리스도를 믿는다 하면서도 말로만 하고 우리가 행동을 보여 서로 사랑하지 않는다면? 그것은 우리가 그리스도를 진실하게 믿지 않고 있다는 증거가 되는 것이며 그런 사람은 하나님으로부터 오는 그 어떠한 일도 할 수 없는 사람인 것입니다.

왜냐하면 그런 일에 대하여 위에서도 말씀드린 바와 같이 사도 요한으로 말씀하시기를 "누구든지 세상의 재물을 가지고 있으면서 '자기의 형제가 궁핍한 것을 보고도' 마음의 문을 닫고 그를 동정하지 않는다면 어떻게 그에게 하나님을 사랑하는 마음이 있다고 하겠습니까?"(요일3:17; 공동번역) 하시는 것과 "의로운 일을 하지 않는 사람이나 형제를 사랑하지 않는 사람은 하나님의 자녀가 아닙니다. **이것으로 하나님의 자녀들과 마귀의 자녀들이 분명하게 구별됩니다.**"(요일3:10; 현대인의 성경)라고 확실하게 성경에 말씀하고 있기 때문입니다.

그러기 때문에 주님께서는 그날에 예수 그리스도를 믿는다고 하면서도 그리스도의 형제들을 가식적으로 사랑하거나 사랑하지 않는 자들과 의를 행하지 않는 그런 자들에게 다음과 같이 말씀하신다는 것입니다.

"그리고 왼편에 있는 사람들에게는 이렇게 말할 것이다. 이 저주받은 자들아, 나에게서 떠나 악마와 그의 졸도들을 가두려고 준비한 영영한 불 속에 들어가라."(마25:41; 공동번역) 판결하신다는 것입니다.

왜 이처럼 심판의 주님이신 그리스도께서는 교회를 다니며 예수님을 믿는다는 그들에게 그와 같이 판결하시는 걸까요?

그것은 그들이 그리스도 자신의 지체요, 가지인 그리스도의 형제들에게 다음과 같이 행하였기 때문인 것입니다.

"너희가 내가 주렸을 때에 너희가 **먹을 것을 주지 않았고**

(내가) 목말랐을 때에 **마실 것을 주지 않았으며**

(내가) 나그네 되었을 때에 **따뜻하게 맞이하지 않았고**

(내가) 헐벗었을 때에 **입을 것을 주지 않았으며**

(내가) 병들었을 때나 감옥에 갇혔을 때에

돌보아 주지 않았다."(마25:42,43; 공동번역)

위와 같이 말할 것이다.

"그러면 위와 같이 형제들을 사랑하지 않은 그들도 '주님, 언제 우리가 주님이 굶주리신 것이나 목마른 것이나 나그네 되신 것이나 벗으신 것이나 병드신 것이나 갇히신 것을 보고 돌보지 않았습니까?' 하고 말할 것이다."(마25:44; 현대인의 성경)

그 말인즉슨 그들도 오른편에 있는 자들의 대답함과 같이 주님을 직접 뵈옵지 못했는데요. 언제 주님께서 그런 고난을 당하셨기에 우리가 모른 체하고 주님을 돌보아 드리지 않았다는 말입니까? 하고 핑계를 댄다는 것입니다.

"그러면 만왕의 왕이신 주님께서는 '똑똑히 들어라. 여기 있는 형제들(그리스도의 지체들) 중에 가장 보잘것없는 사람(예; 형제 거지 나사로처럼 불행한 처지에 있는 형제) 하나에게 해 주지 않는 것이 곧 나에게 해 주지 않는 것이다.' 하고 말할 것이다."(마25:45; 공동번역) 말씀하신 것입니다.

그것은 세상 어디서든지, 같이 모여 있는 형제들 중에 관심에도 없고 소외받는 형제 거지 나사로와 같은 불행한 처지에 있는 예수님의 형제에게 해 주지 않는 것이 곧 **"그 형제와 함께 불행한 처지를 겪고 계시는 그리스도 자신에게 해 주지 않는 것"**이라는 말씀인 것입니다. 그 말씀은 곧 교회 안에 그리스도의 몸으로 살고 있다는 모든 형제들에게 하시는 말씀으로서 우리 중에 누구라도, 꼭 거지 나사로와 같은 불행한 처지에 처한 불행이 아닐지라도 어떠한 일이든지 어려운 고난 가운데 있는 그리스도의 지체인 형제에게 도움을 주지 않는 것이 곧 그리하신 그리스도에게 도움을 주지 않는 것으로서 같은 형제라 하면서도 한 부자와 같이 불쌍히 여겨 자비도 베풀지도 않으며 베풀 수도 없는 그러한 사람들이 우리 중에 있음을 지칭하는 말씀인 것입니다.

그와 같은 사람들을 판별하는(판별하다; 옳고 그름이나 좋고 나쁨을 판단하여 구별하다) 법은 그리스도의 몸으로 살고 있는 우리의 형제가 어려움에 처하여 그러한 고통 속에서 죽어가든 말든, 병이 들든지 말든지 전혀 신경을 쓰지 않는 사람들인 것입니다.

그러한 사람들은 하나님의 일을 하지도 않을뿐더러 그리스도의 속한 사람이 아니기 때문에 형제님, 자매님, 부르면서도 형제를 사랑하지도 않는 이기주의자들로서 마귀의 자녀들인 것이며 그리스도의 몸으로 가장한 거짓 형제들인 것입니다.

이와 같은 사람들은 예수님을 믿는다고 말은 하면서도 빛의 일은 멀리하고 자신의 욕심에 의한 어두움의 일만 계속하고 있는 사람들을 말씀하고 있는 것입니다. 그렇기 때문에 교회를 다닐지라도 저들은 자신의 동족이(형제가) 강도들에게 가진 것을 다 빼앗기고 죽도록 맞아서 심한 고통 가운데서 죽어가고 있는 그러한 동족을 보고도 불쌍히 여기지 아니하고 피하여 지나가는 제사장, 레위인과 같이 항상 마음이 어둡기 때문에 그리스도의 형제들을 진심으로 사랑할 수가 없는 것입니다.

이와 같은 말씀은 그리스도께서 바리새파 사람 니고데모라는 유대인의 관원과의 대화하고 있는 끝 부분 중에 잘 나타나 있습니다.

"그를 믿는 사람은 심판을 받지 않지만 믿지 않는 사람은 하나님의 외아들의 이름을 믿지 않기 때문에 이미 심판을 받은 것이다.

"심판의 근거는?" 빛이(요1:9; 현대인의 성경; 모든 사람을 비추는 참 빛) 세상에 왔으나 사람들이 자기들의 행위가(행실이) 악하므로 빛보다(빛의 일을 실천하는 것보다) 어두움을 더 사랑했다(어두움의 일을 하기를 더 좋아했다). 악을 행하는(공동번역; 과연 악한 일을 일삼는) 사람은 누구나 자기 행위가(공동번역; 죄상이) 들어날까 봐 빛을(빛의 일을) 미워하며(싫어하여) 빛으로 나오지 않는다(빛의 일을 하지 않는다)."(요 3:18-20; 현대인의 성경)고 말씀하신 그와 같은 사람인 것입니다.

그만큼 교회에 다니면서도 빛의 일은 하지 않고 있는 것입니다. 빛의 일을 하는 것이 하나님께서 자신 안에서 일하시며 자신이 하나님 안에서 전지전능하신분의 통로와 도구가 되어 하나님의 일을 행한 것임을 나타내는 것이지만(요3:21; 공동번역; 진리를 따라 사는 사람은 빛이 있는 데로 나아간다. 그리하여 그가 한 일은 모두 하나님의 뜻을 따라 한 일이라는 것이 드러나게 된다.) 그렇지 않은 사람들이 있는 것입니다.

그러나 그들이 교회 안에 의인들과 함께 거함으로써(자라고 있음으로) 주님께서는 "가만 두어라 가라지를 뽑다가 곡식까지 뽑을까 염려하노라. 둘 다 추수 때까지 함께 자라게 두어라."(마13:29,30) 말씀하심 같이 그리고 "자기 타작마당에서 모든 곡식을 키질하여 알곡은 곳간에 모아들이고 쭉정이는 꺼지지 않는 불에 태우실 것이다."(마3:12; 현대인의 성경) 세례 요한을 통하여 말씀하심과 같이 교회 안에 의인으로 가장하고 있는 그들에게 재판장이신 주님께서 "(추수하는 그날에) 너희는 확실하게 의인이 아니라 거짓 그리스도인이었다는 것"을 그들의 죄 상을 낱낱이 들추어내어 뚜렷하게 기억하게 하여 그들의 판결을 확정짓게 된다는 말씀을 하시는 것입니다.

그것이 마태복음 25장에 나오는 그리스도의 최후의 심판인 것입니다. "이리하여 그들은 영원히 벌받는 곳으로 쫓겨날 것이며 의인은 영원한 생명의 나라로 들어갈 것이다."(마25:46; 공동번역) 하신 것입니다.

사랑하는 형제 여러분, 지금 예수님의 이 예언의 말씀은 예수 그리스도께서 재판주로 오셔서 모든 민족을(마8:11; 많은 사람이 "사방에서 모여들어" 하늘나라 잔치에 참여한다는 말씀과 같이, 주여, 주여, 부르면서도 불법을 행하는 사람을 포함하여 예수님을 믿는다고 말하는 교회 안에 모든 민족) 불러 놓고 **"알곡과 쭉정이"**를 그리고 **"곡식과 가라지"**를 가려내듯이 그리고 또한 목자가 **"양과 염소"**를 갈라놓듯이 그들을 갈라 양은 오른편에 염소는 왼편에 세우는 최후의 심판에 대한 말씀으로 실질적으로 교인인 우리가 엄중하고 심각하게 들어야 하는 말씀인 것입니다.

왜냐하면 누구든지 예수님의 이 예언의 말씀을 가볍게 보아 넘긴다면 거지 나사로와 함께 같은 아버지를(하나님 아버지를 의미함) 섬기는 형제들로서 인생의 있어서 죽음 뒤에 오는 아니 죽음보다도 더 큰, 전에도 없었고 후에도 없는 상상도 못 할 쓰디쓴 참혹한 현실에 한 부자와 같이(눅16:23,24; 부자가 지옥에서 고통을 당하는 중에 쳐다보니 멀리 아브라함이 보이고 나사로는 그의 품의 안겨 있었다. 그래서 그는 큰 소리로 '아버지 아브라함이여,' 나를 불쌍히 여겨 주십시오. 나사로를 보내 손가락 끝으로 물을 찍어다가 내 혀를 시원하게 해 주십시오. 내가 이 불꽃 가운데서 너무 괴로워 죽을 지경입니다.) "고난 가운데에 있는 그리스도의 형제를 보고도 사랑하지 않는 사람들은" 부딪치게 될 것이기 때문입니다.

그렇기 때문에 그러한 일이 일어나지 않도록 하기 위하여 하나님께서는 세례 요한의 눈을 열어 "이 세상의 죄를 없애시는 하나님의 어린양이 저기 오신다."(요1:29; 공동번역) 하심 같이 하나님 아버지께서는 자신의 몸인 사랑하는 아들을 제물로 내어 주셔서 십자가에서 그 육체를 죽이심으로써 하나님으로부터 죄를 용서받는 피를 흘리게 하신 것입니다. **그것으로 하나님 자신의 사랑을 우리에게 나타내 보이신 것입니다.**

이와 같이 하심은, 공평의(공평; 어느 한쪽에 치우침이 없이 공정하다) 하나님께서 온 인류에게 영원한 생명을 얻는 길을 열어 주심으로써 단 한 사람도 절망의 나락으로 떨어지지 아니하고 우리 주님의 순종하심으로 말미암아 십자가에서 죄를 용서함을 받는 피를 흘려 주신 우리 주 나사렛 예수 그리스도의 능력의 이름을 믿음으로써 모든 사람이 다 죄를 용서함을 받아 영원한 생명을 소유하기를 바라시는 것(요 3:17; 아들을 세상에 보내심은 세상을 심판하려 하심이 아니요 저로 말미암아 세상이 구원을 받게 하려 하심이라.) 때문이셨습니다.

그와 같은 하나님의 사랑은 하늘보다 높으시며 바다보다도 깊으시며 제아무리 우주가 끝없이 광활하다 할지라도 그분의 사랑의 넓이를 그것과 견줄 수가 없으며 어떠한 말로도 형언할 수 없는 그와 같은 그분의 은혜를 우리는 "끝이 없으신 하나님의 사랑으로 진실하게 사는 것" 외에는 그 무엇으로도 땅 끝까지 조성하셨으며 하나님 자신에 아들까지 내어 주신 분의 그와 같은 은혜를 갚을 길은 없는 것입니다.

그러하신 분이시기 때문에 온 천하 만민에게 그 길을 공평하게 활짝 열어 주시고 **"주 예수 그리스도를 믿으라."**고 선포하신 것입니다.

이와 같이 악한 천사들과 악인이 받는 심판을 피할 구원의 길을 누구에게나 열어 주셨음에도 불구하고 거역하여 믿지 않는다면 누가 그날에 재판장이신 그리스도 앞에서 입이 열 개라도 할 말이 있겠습니까?

"저가 유구무언이거늘"(마22:12) 그렇기 때문에 마태복음 25장의 최후의 심판에 대하여 하나님께서 예수 그리스도를 믿는다는 모든 인생들에게 구원의 마지막 메시지로서 초강력하게 요구하시는 인생 최후통첩의 말씀인 것으로 알고 그 말씀이 "우리에게 무엇을 가르치시고자 하시는지" 그리고 "믿는 사람들이 서로 어떠한 삶을 살아야 한다고 말씀하고 있는지"를 우리는 진실로 깨달아야 하는 것입니다.

왜냐하면 만왕의 왕이시오 재판주로 오시는 주님께서 그날에는 "심판의 때는 왔습니다. 하나님의 백성이 먼저 심판을 받을 것입니다. 하나님께서 당신의 백성인 우리를 먼저 심판하신다면 하나님의 복음을 믿지 않는 자들의 말로가 어떠하겠습니까? 의로운 사람이 (행14:22; 옥스퍼드원어성경대전; 많은 고난을 겪으면서)겨우 구원을 받는다면 경건치 못한 죄인은 어떻게 되겠습니까?"(벧전4:17,18; 공동번역) 사도 베드로로 기록하심과 같이 그리고 마태복음 25장에 말씀하신 바와 같이 산 자와 죽은 자 모두를 그리스도 예수님 앞에 모아 놓고 한 사람도 빠짐없이 심판하시기(행10:42; 하나님이 산자와 죽은 자의 재판장으로 정하신 자가가 곧 이 사람인 것을 증거하게 하셨고, 딤후4:1; 공동번역) 때문이시며(사도신경; 저리로서 산 자와 죽은 자를 심판하러 오시리라.)" 그날에, 교회 안에 모든 민족들은(마8:11; 많은 사람이 사방에서 모여들어, 모여든 모든 민족) 그 심판의 결과로 말미암아 어떤 사람은 "악마와 그의 졸도들을 가두려고 준비한 영원한 불 속에 들어가게 되거나(마25:41)" 아니면 어떤 사람은 "하나님 아버지의 복을 받은 사람들로 세상 창조 때부터 너희를 위하여 준비한 나라를 차지하라."(마25:34) 하신 말씀처럼 천국과 지옥으로, 영영한 불 속으로, 영원한 생명의 나라로 들어가게 되는 결정의 순간이 (요5:29; 공동번역; 그때가 오면 '선한 일을 한 사람들'은 부활하여 생명의 나라에 들어가고 '악한 일을 한 사람들'은 부활하여 심판을 받을 것이다.) 교회 안에도 산 사람과 죽은 사람 모두에게 지금 다가오고 있기 때문입니다.

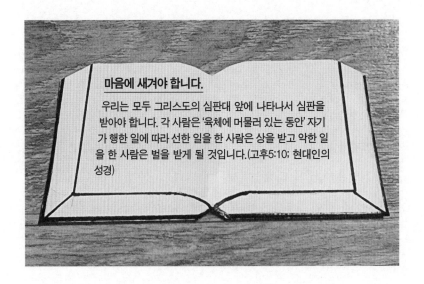

마음에 새겨야 합니다.
우리는 모두 그리스도의 심판대 앞에 나타나서 심판을 받아야 합니다. 각 사람은 '육체에 머물러 있는 동안' 자기가 행한 일에 따라 선한 일을 한 사람은 상을 받고 악한 일을 한 사람은 벌을 받게 될 것입니다.(고후5:10; 현대인의 성경)

2) 최후의 심판에 대한 교훈의 가르침은?

그러니 우리가 각성하지 않고 오늘날 사람들의 믿음처럼 너무 편안하게 생각하여 믿음에 대하여 별 관심 없는 사람들과 같이 안일한 믿음으로 살거나 올바른 믿음으로 살지 않는다면 어떻게 되시겠습니까?

그리고 지금 예수님께서는 본 절에서와 같이 제자들에게 최후의 심판에 대한 말씀을 하시면서 당시에 제자들에게와 후세대인 우리에게 어떠한 교훈으로 어떤 삶을 살라고 가르치시고 있다고 생각하십니까?

그 말씀은 예수 그리스도께서 최후의 심판에 대한 말씀을 하시면서 당시의 제자들에게와 후세대인 우리에게 가르치시는 교훈은 우리가 이타적인 마음으로 형제끼리(마25:35,36) 서로 사랑하며 살아야 한다는 가르침으로 생각해야 하는 것입니다. 그것은 왜냐하면 예수님께서 제자들에게 말씀하신 것과 같이 "내 계명은 곧 내가 너희를 사랑한 것 같이 너희도 서로 사랑하라."(요15:12) 하신 것입니다.

무슨 말씀일까요?

그 말씀은 당시의 예수님의 제자로서 주님의 말씀을 들었던 사도 요한을 통하여 말씀하신 것처럼 "그리스도께서는 우리를 위해서 당신의 목숨을 내놓으셨습니다. 이것으로 우리가 사랑이 무엇인지를 알게 되었습니다. 그러므로 우리도 형제들을 위해서 우리의 목숨을 내놓아야 합니다."(요일3:16; 공동번역) 하는 교훈과 삶을 살라고 가르치신 것입니다.

3) 형제끼리의 사랑에 그 초점이

이와 같이 그만큼 믿음의 식구로서 그리스도의 지체로서 자기와 함께하고 있는 믿음의 형제를 자신 몸처럼 사랑하라는 그리스도의 계명이요, 교훈이요, 가르침으로써 형제를 위하여 이타적인 삶을 살라고 가르치시고 있는 것입니다.

왜냐하면 그것은 예수 그리스도께서 자기를 믿는 우리 많은 사람들을 위하여 거룩하신 피를 흘려 죄를 없애 주셨기 때문인 것(히9:28; 공동번역)입니다.

그러므로 성경에서 말씀하고 있는 "네 이웃을 네 몸과 같이 사랑하라."고 하신 말씀은 한동네의 사람이요, 직장동료요, 가장 가까이에서 생활하는 세상이웃이 아닌, **모형으로서는** 이스라엘 온 회중이요 동족이요, 형제요, 이웃이요(레19:1,17,18), **실물로는** 거듭난 형제로서 모두가 그리스도의 가족이요, 그리스도의 형제들로서 "믿음의 덕을, 덕에 지식을, 지식에 절제를, 절제에 인내를, 인내에 경건을, 경건에 형제 우애를"(벤후1:7; 교우끼리의 사랑을; 공동번역), 형제 우애에 사랑을 갖추어 공급하는 우리 주님의 형제들로서 주님께서 히브리서 기자로 말씀하심과 같이 "사람을 거룩하게 하시는 분과(눅5:24; 예수님) 거룩하게 된 사람들이 모두 한 하나님에게서 나왔기 때문입니다. 그래서 예수님은 그들을 '형제라고 부르는 것'을 조금도 부끄러워하시지 않고 하나님께 '내가 내 형제들에게 주의 이름을 선포하고 군중 앞에 서서 주를 찬양하겠습니다.' 하셨습니다."(히2:11,12; 현대인의 성경) 하심과 같이 우리 모두 예수 그리스도의 형제요 그를 믿는 **믿음의 형제끼리 사랑하는 것으로서 그 초점이 맞추어져 있다는 것**을 우리는 알아야 하는 것입니다.

그것은 최후의 심판에서 재판장이신 예수님께서 다음과 같이 말씀하심으로써 주도적으로 재판에 미치는 형제 사랑이 예수님의 의하여 나타나고 있기 때문인 것입니다. 그 말씀은 "여기 **'내 형제'** 중에 지극히 작은 자 하나에게 한 것이 '곧 내게 한 것'이니라." 한 것과 "여기 있는 **'형제들'** 중에 가장 보잘것없는 사람 하나에게 해 주지 않는 것이 '곧 나에게 해 주지 않는 것'이다."(마25:40,45; 개역, 공동번역) 하여 더욱더 확실하게 형제에 대한 사랑은 "긍휼은 심판을 이기느니라."(약2:13)는 말씀처럼 심판을 이기는 그런 최고의 사랑으로 나타나고 있는 것입니다. 이와 같은데도 형제에 대한 사랑의 계명을 "행위적인 믿음이라고 생각하여 적대시할 것입니까?"

이와 같이 만왕의 왕이요, 재판주로 오시는 그리스도 예수님께서 교회 안에 모든 민족을 심판하는 그날에 **형제에 대한 사랑이 주도적으로 재판에 미치게 되는 점**만 보더라도 더 이상 무슨 말이 필요가 있겠습니까?

4) 다 같이 그리스도의 몸 안에서
그리스도의 몸으로 살고 있는 것

이처럼 우리가 그리스도의 형제요, 예수 그리스도를 믿는 자들로서 그리고 그리스도의 몸의 구성원으로서 다 같이 그리스도의 몸 안에서 그리스도의 몸으로 살고 있는 것입니다.

그렇기 때문에 사도 바울은 로마서에서도 "우리 많은 사람들이 그리스도 안에서 한 몸이 되어 서로서로 지체가 되었습니다."(롬12:5; 현대인의 성경) 하는 것과 고린도전서에서도 "한 지체가 고통을 받으면 모든 지체도 함께 고통을 받고 한 지체가 영광을 얻으면 모든 지체도 함께 즐거워하나니 **너희는 그리스도의 몸이요 지체의 각 부분이라.**"(고전12:26,27)고 말씀하고 있는 것입니다.

그러므로 이와 같이 "그리스도와 합하는 사람은 주님과 영적으로 하나가 됩니다."(고전6:17; 공동번역)라는 말씀과 같이 그리스도와 영적으로 하나가 된 지체로서 그리스도 안에 각각의 기능을 가진 지체들이요, 그리스도의 몸으로서, 한 부모의 형제들처럼 따뜻한 그리스도의 마음으로 서로 사랑하고 존경하며 고통도 즐거움도 함께 나누는 그런 교회가 머리이신 그리스도의 몸 된 교회로서 지극히 **정상적인 교회의 모습인 것**입니다.

그래서 사도 바울은 "우리가 한 몸에 많은 지체를 가졌으나 모든 지체들이 다 같은 기능을 가진 것이 아닙니다." 하는 것입니다. 그것은 우리가 각각 다른 기능을 가진 사람들이 모인 그리스도 안에 구성원으로서 다 함께 "이와 같이 우리 많은 사람이 그리스도 안에서 한 몸이 되어 서로서로 지체가 되었느니라." 고 말씀하고 있는 것입니다.

그렇기 때문에 이스라엘 백성들에게 주신 **"네 이웃"**은 그들의 머리요 몸인 이스라엘(야곱)에게서 나온 그들의 민족으로서 **"이스라엘의 동족"**으로 보아야 하는 것과 **"네 몸"**은 야곱의 몸에서 나온 자신을 포함한 많은 서로의 지체들로서 **야곱 안에서 자신의 몸**에 해당하는 말씀으로 보아야 하는 것입니다.

그래야만이 그리스도의 비유로서 "우리 많은 사람이 그리스도 안에서 한 몸이 됨으로써 **'네 이웃이 되는 것'**이며 자신을 포함한 많은 서로의 지체들이 그리스도의 몸으로서 **'네(자신의) 몸(지체가)이 되어'** 자신을 사랑하듯이 형제를 사랑하면, 자신의(네) 지체(몸이)요, 다 함께 그리스도의 몸이요, 그러한 지체인 형제를 자신의 몸같이 사랑하게 되는 것이며 그것이 바로, 그분의 몸이시며 머리이신 **그리스도를 사랑하는 것이 되는 것**입니다. (마25:40; 현대인의 성경; 내 형제 중에 아주 보잘것없는 사람 하나에게 한 일이 바로, 나에게 한 일이다.)" "그렇지 않은 것은 모두가 **거짓이 되는 것**"입니다.

왜냐하면 그것은 그리스도의 지체도 아니요, 자신의 몸도 아니요, 각각 다른 사람(이웃)의 몸을 그 누구라도 자신의 몸같이 사랑할 수가 없기 때문인 것입니다. 그런데도 자신의 몸이 아닌 세상 이웃을 자신의 몸처럼 사랑하라고 가르치거나 그런 사람이 있다고 한다면 그 사람은 지금 여러분에게 **거짓말을 하고 있는 사람인 것**입니다.

그러나 여러분이 우리 주 예수 그리스도를 확실히 믿었다면 여러분은 지금 그리스도의 몸으로서 그리스도로 살고 있는 것입니다.

왜냐하면 그것은 여러분 모두가 그리스도의 몸으로서 머리이신 그리스도의 지시를 온전히 그분 안에서 그분의 몸으로서 받고 있기 때문인 것입니다.

그렇기 때문에 하나님께서 사도 요한을 통하여 "하나님 안에서 산다고 하는 사람은 예수님이 사신 것과 똑같이 살아야 합니다."(요일 2:6; 현대인의 성경) 하는 것이며 "이 세상에서 우리가 그리스도처럼 살게 되었으니 '사랑이 우리 안에서 완성된 것'이 분명합니다."(요일4:17; 공동번역) 하는 것입니다. 그 말씀은 "우리는 하나님이 우리를 사랑하시는 그 사랑을 알고 믿고 있습니다. 참으로 하나님은 사랑이십니다. 그 사랑 안에 사는 사람은 하나님 안에서 살고 하나님도 그 사람 안에 계십니다. 이것으로 사랑이 우리 가운데서 완성되어"(현대인의 성경; 요일4:16,17)라고 말씀하심과 같이 "우리가 서로 사랑함으로써 사랑이 우리 가운데서 완성되는 것"을 말씀하는 것입니다. 그리고 또한 "교회는 그리스도의 몸이며 만물을 완성하시는 분의 계획이 그 안에서 완전히 이루어집니다."(엡1:23; 공동번역) 하신 말씀처럼 우리 모두가 교회요, 그리스도의 마음을 가진 그리스도의 몸으로서 "모든 지체들이 한마음 한뜻으로 사랑함"으로 말미암아 성숙한 사람으로 자라남에 따라 "그리스도의 몸이 완전히 세워져 완성됨"으로써 만물을 충만케 하시는 **하나님의 아름다운 계획이 이루어지는 것**을 말씀하는 것입니다.

이와 같이 우리가 성령님을 따라 사는 그리스도의 거룩한 사람들로서 "너희가 서로 사랑하라" 명령하신 주님의 거룩한 명령을 따라 살아야함에도 불구하고 그리스도의 거룩한 명령을 어느 누구라도(요일3:10; 하나님의 일을 하지 않거나 형제를 사랑하지 않는다면) 저버린다면 그는 머리이신 그리스도의 명령을 전달 받지 못하는 그런 몸인 것이며 그리스도의 몸을 가장한 거짓 그리스도의 몸의 사람들인 것(요일3:10; 하나님의 자녀가 아닌 것)입니다. 그렇기 때문에 주님께서 내려주신 거룩한 일들을 그들은 할 수도 없고 하지도 못하는 것입니다.

5) 예수 그리스도의 참된 형제

그러나 그리스도의 참된 형제는 그리스도께서 "너희가 서로 사랑하라." 하시는 말씀처럼 우리가 연약한 형제들의 짐을 서로 짐으로써 돕는 그런 그리스도의 거룩한 덕목을 실천하는 형제인 것입니다. 그런 사람은 참으로 그리스도께서 하나님의 아들이심을 믿는 믿음으로 인하여 "우리의 마음에는 그리스도의 피가 뿌려져서 나쁜 마음씨가 없어지고 우리의 몸은 맑은 물로 씻겨 깨끗해졌으니 이제는 확고한 믿음과 진실한 마음가짐으로 하나님께로 가까이 나아가자!"(히10:22;

공동번역) 하는 확실하고도 굳게 믿은 믿음에서 나오는 능력으로 살고 있는 사람인 것입니다.

그것은 왜냐하면 우리 주 예수 그리스도를 진실로 믿는 사람이라면 '옥스퍼드원어성경대전'의 "형제우애"에 대한 말씀을 해석함에 있어서 **"믿음으로 시작된 그리스도의 덕목은 사랑으로 완성된다."**고 풀이한 것처럼 그리고 "누구든지 예수님을 하나님의 아들이라고 인정하면 하나님이 그 사람 안에 계시고 그도 '하나님 안'에서 살게 됩니다."(요일4:15; 현대인의 성경) 하신 말씀처럼 우리가 예수님을 확실하게 믿는 믿음으로 말미암아 그분의 사랑을 힘입어 "형제를 진실로 사랑" 하게 되므로 그것으로(우리 자신이 하나님의 일을 함으로) 우리가 하나님 안에 살고 있다는 것을 증거하게 되는 것이며(요3:21) 하나님께서도 예수님 안에서 손수 일하심과(요14:10) 같이 (우리 안에서도 그와 같이 성령님께서 몸소 자신의 일을 하심으로써) 우리 안에 계심을 증명하여 주시고 있는 것입니다.

이러한 사람이 참으로 그리스도의 교회요, 그리스도 몸의 지체요, 하나님 안에 거하는 사람으로서 그분의 사랑 안에 거하는 성숙한 예수 그리스도의 참된(참되다; 거짓이 없고 진실하다) 형제인 것입니다.

그러므로 우리가 이와 같이 그리스도의 말씀대로 형제끼리 서로 사랑하므로 말미암아 "사랑이 우리 안에서 완성"되어 우리가 심판 날을 떳떳하게 맞이할 수 있게 되었다고(요일4:15~17) 하시는 말씀과 같이 그리스도의 지체인 형제를(이웃을) 자신의 몸처럼 최선을 다해 사랑해야 하는 것입니다. 그것은? "사랑은 결코 이웃을 해롭게 하지 않습니다. 그러므로 **사랑은 율법의 완성입니다.**"(롬13:10; 현대인의 성경) 하신 말씀처럼 하나님의 사랑으로 형제들을 사랑하는 사람들로 하여금(요일4:12; "우리가 서로 사랑하면" 하나님이 우리 가운데 계시고, 또 "하나님의 사랑이 우리 가운데서 완성된 것"입니다.라는 말씀과 같이) 그리스도 안에서 그리스도의 몸을 세우게 되는(완성하는) 것이기 때문(엡4:16)입니다.

　이와 같이 형제들 모두가 그리스도의 몸이요, 지체요, 이웃으로써 그리스도 예수님과 함께 살며 거룩한 그리스도의 몸 된 교회로서 그리고 그리스도의 아름다운 마음을 받은 사람들로서 그 찬양과 같이, 서로 주님의 은혜를 나누며 예수님을 따라 사랑하는 하나님의 아름다운 형제들이 다 되기를 예수 그리스도의 이름으로 기도합니다.

형제가 내게 죄를 지었을 때
몇 번이나 용서해야

1.

일곱 번만 아니라
일흔 번씩 일곱 번이라도 용서하라

"그때 베드로가 예수님께 와서

'주님 형제가 내게 죄를 지었을 때

몇 번이나 용서해야' 합니까?

'일곱 번까지면' 되겠습니까?"(마18:21; 현대인의 성경)

형제 여러분, 형제의 용서에 대하여 말을 해야 한다면 그것은 우리 모두가 그리스도를 통해서 하나님 아버지의 용서함을 받은 것입니다.

이와 같이 용서함을 받은 것은 우리가 우리의 힘과 무슨 엄청난 노력이나 무슨 착한 일을 많이 함으로 해서 우리가 우리의 죄를 용서 받은 것이 아니라 오직, 예수 그리스도를 마음에 믿음으로써 주님께서 이루어 놓으신 의를 힘입어 하나님의 은혜로 우리가 용서함을 받은 것입니다.

그렇기 때문에 우리는 같은 그리스도의 형제들로서 "따뜻한 동정심과 친절한 마음과 겸손과 온유와 인내로 '마음을 새롭게' 하여 서로 도와주고 피차에 불평할 일이 있더라도 용서해 주십시오. 주님께서 여러분을 용서하신 것처럼 용서해야 합니다."(골3:13; 공동번역) 하는 것과 그리고 **"하나님께서 그리스도를 통해서 여러분을 용서하신 것처럼 서로 용서하십시오."**(엡4:32; 공동번역) 하신 말씀과 같이 우리가 다 같이 주님의 지체요, 마음의 변화를 받아 의의에 옷을 갈아입은 사람들로서 고난의 처한 형제를 서로 도와주고 그러한 형제간에 무슨 언짢은 일이 있더라도 주님께서 우리를 용서해 주신 것처럼 형제들의 죄를 서로 용서해 주는 사람이 되어야 하는 것입니다.

1) 자신의 몸에게 하는 것처럼

왜냐하면 그와 같은 일들은 다 같은 주님의 형제요, 그분의 이웃이요, 그리스도의 지체들로서 성도들 간에 하는 일이기 때문인 것입니다. 그만큼 그리스도인으로서 형제들을 향한 용서는, 그리스도의 지체들로서는 당연한 일인 것입니다. 그것이 왜 당연한 일이냐고 묻는다면 그것은 우리 모두가 그리스도의 몸으로서 그리고 그분에게 접붙인 가지로서 아래의 예와 같은 서로의 지체가 되기 때문인 것입니다.

"어느 때에 길을 가다가 발을 헛디뎌 자기가 자기의 발에 걸려 자신이 넘어질 때가 있습니다. 만일 그럴 때에 자기의 왼쪽 발에 차여 자신이 걸려 넘어졌다면 자신의 온몸이 나서서 자기의 왼쪽 발에게 '네가 우리를 걸려 넘어지게 했으니까 너도 우리의 오른쪽 발에 걸려 넘어져야 해' 하고 자기의 왼쪽 발에게 자신의 오른쪽 발을 통하여 보복을 하지 않는다는 것입니다."

이와 같이 그리스도의 용서는 백 번이고 천 번이고 자기의 발에 자신의 온 몸이 넘어졌다 해도 그 순간에는 자신의 모든 지체가 아파하면서도 자기의 왼쪽 발에게 앙심을 품지 아니하고 몇 번을 떠나서 계속적으로 죽는 날까지 자기의 왼쪽 발을 용서하는 것과 같이 형제들의 잘못을 같은 그리스도의 몸의 지체로서 자신의 몸과 같음을 알고 진심으로 사는 날까지 용서해야 한다는 것이 그리스도의 말씀인 것입니다.

그것이 형제의 물건을 몰래 가져갔든지, 형제를 속였든지, 형제를 비방했든지, 형제에게 무슨 잘못을 했든지 간에 **"그 형제를 타일렀을 때"**에(레19:17; 공동번역; 이웃의 잘못을 서슴지 말고 타일러 주어야 한다. 그래야 그 죄에 대한 책임을 벗는다. 하는 것과 눅17:3; 네 형제가 잘못을 저지르거든 꾸짖고 뉘우치거든 용서해 주어라.) **"양심이 살아 있어 듣는 형제"**라면(마15:15~17; 네 형제가 죄를 범하거든 가서 너와 그 사람과만 상대하여 권고하라. 만일 들으면 네가 네 형제를 얻은 것이요) 열 번이고 백 번이고 용서를 해 주어야 한다는 것이 그리스도의 말씀인 것입니다.

2) 형제가 내게 죄를 지었을 때 몇 번이나 용서를

그것을 베드로가 예수님께 와서 "형제가 내게 죄를 지었을 때 몇 번이나 용서해야 되겠습니까? 일곱 번까지면 되겠습니까?"(마18:21) 하고 여쭈어 보았을 때에 예수님의 말씀에서 찾을 수 있습니다.

"일곱 번만 아니라 일흔 번씩 일곱 번이라도 용서하라."(마18:22: 현대인의 성경) 하신 것입니다. 이와 같이 일흔 번씩 일곱 번이라도 용서하라 하신 말씀은 490번까지 용서하라는 그런 말씀이 아닌 것입니다. 그 말씀은 "그가 너에게 하루 일곱 번이나 잘못을 저지른다 해도 그때마다 너에게 와서 '잘못했다.'고 하면 용서해 주어야 한다."(눅17:4; 공동번역) 하신 말씀처럼 형제를 용서하되 그 형제가 여호와 하나님과 그리스도의 말씀과 같이 "타일러서 듣는 형제"라면(공동번역; 네 형제가 잘못을 저지르거든 꾸짖고 뉘우치거든 용서해 주어라.) 자신의 지체가 자신에게 저지른 어떠한 잘못도 자신의 그러한 지체에게 늘, 자비를 베풀어 너그럽게 용서하는 것처럼 이 세상에 사는 날 동안에는 계속적으로 형제에 대한 잘못도 그 형제가 **"잘못했다"**고 뉘우치는 그런 사람이라면 진심으로 그와 같이 용서하라는 말씀인 것입니다.

2.

부르심을 받은 사람은 누구나
주님께 10,000달란트 탕감 받은 자

"10,000달란트(현대인의 성경; 1달란트; 6,000데나리온; 1데나리온; 일꾼의 하루 품삯; 하루 품삯을 10,000원으로 계산할 경우 10,000달란트는 6천억 원이 된다. 하루 품삯을 10,000원으로 계산할 경우 100데나리온은 1백만 원 곧 10,000달란트의 60만분의 1이 된다.)"

"부르심을 받은 자는 많지만 뽑히는 사람은 적다."(마22:14; 공동번역)

왜냐하면 부르심을 받은 사람은 누구나 10,000달란트(옥스퍼드원어성경대전; 10,000달란트는 하루 동안 6,000만 명이 일한 품삯; 예, 한 사람이 1년에 300일을 일한다고 가정하면 이는 20만 년 동안 일해야 받을 수 있는 임금에 해당함)

빚진 종과 같이 만왕의 왕이신 하나님께 빚을 진 자로서 그분으로부터 이와 같이 자신의 힘으로는 평생 동안 일하여 갚으려 해도 다 갚을 수 없는 천문학적인 돈을(죄) 탕감을(용서함) 받은 사람들이기 때문인 것입니다.

그러므로 형제를 용서할 때에는 10,000달란트(예, 하루 동안 6,000만 명이 일한 품삯) 빚을 탕감 받은 종이 나가 자기에게 100데나리온(하루 동안 100명이 일한 품삯) 빚진 동관 하나를 만나서 그의 간청에도 말류하고 멱살을 잡고 당장 자기 돈을 내놓으라며 빚을 다 갚을 때까지 감옥에(창살 없는 모든 고통의 감옥 포함) 가둔 자같이 배은망덕하게도 만왕의 왕이신 하나님께로부터 그와 같이 받은 많은 은혜를 우리 모든 그리스도인들은 **저버리지 말아야 하는 것**입니다.

그렇지 않고 그분의 은혜를 그 종과 같이 우리가 저버린다면 "네 이놈, 네가 간청하기에 모든 빚을 면제해 주지 않았느냐? 그렇다면 내가(주권의 하나님) 너를 불쌍히 여긴 것처럼 너도 네 동료를(형제) 불쌍히 여기는 것이 마땅하지 않으냐? 그러고서(벧후1:9; 종에게서 이런 것들 즉, 불쌍히 여기는 사랑하는 마음이 없음을 인하여) 왕은 화를 내며 빚을 다 갚을 때까지 그 종을 가두었다."(마18:32~34; 현대인의 성경)는 말씀과 같이, 만왕의 왕이신 하나님으로부터 10,000달란트 빚을 탕감 받은 자가 나가서 자기에게 100데나리온 빚진 동관(같은 형제를 의미함) 하나를 만나서 그의 간청에도 불쌍히 여기지 아니하고 처벌한 것처럼, 우리가 하나님께로부터 10,000달란트 빚을 탕감 받았다고 하면서도

이 땅에 살면서 그런 긍휼함이 없는(요일3:17; 하나님의 사랑이 없는, 다른 말로는 자비가 없는) 그와 같은 마음으로 형제를 처벌한다면 하늘에서도 우리에게 그와 같이 자비가 없는 처벌을 할 것이라는 말씀인 것(마 18:18)입니다.

1) 너희가 진심으로 형제를 용서하지 않으면

그러기 때문에 교회 안에 그와 같이 하나님의 거룩한 성품들을 갖추지 못한 자들이 있어서 주님께서는 "내가 너희에게 분명히 말하지만 '너희가 땅에서 처벌하면 하늘에서도 처벌할 것이며 너희가 땅에서 용서하면 하늘에서도 용서할 것이다."(마18:18; 현대인의 성경)라고 말씀하신 것입니다.

그러나 이 말씀은 같은 말씀이지만 잘못 알고 있는 사람들이 있어서 우리는 주님의 그와 같이 말씀하심에 대하여 잘 알아야만 하는 것입니다.

왜냐하면 그 말씀은 "형제가 네게 죄를 짓거든 너는 그와 단둘이 만나 잘못을 타일러라."(마18:15; 현대인의 성경) 말씀하심으로써 형제의 죄와 용서에 대하여 예수님께서 제자들에게 가르치시고 있기 때문인 것입니다. 그러므로 그 말씀은 "(10,000달란트 빚을 탕감 받은)너희가 땅에서 (네게 100데나리온을 빚진 동관을 만나 그의 간청에도 불쌍히 여기지 않고 처벌하듯이 형제를) 처벌하면 하늘에서도 (막16:27; 각 사람의 행한 대로 갚으시는 것처럼 자기 동관을 불쌍히 여기지 않는 10,000달란트 탕감 받은 자와 같이) 처벌할 것이며 너희가 땅에서 (만일, 네게 빚진 동관을 만나 그가 간청함으로 그 형제를) 용서하면 하늘에서도 너희가 너희 형제를 용서함과 같이 너희를 용서할 것이다."라고 하시는 말씀으로 알아야 하는 것입니다.

그와 같이 알아야 하는 것은? 우리가 주님께 갚을 수 없는 빚을(한 사람이 20만 년 동안 일해야 받을 수 있는 임금에 해당하는 빚) 진 자들로서 **그분의 은혜를 입었기 때문**입니다. 그렇기 때문에 우리는 그와 같이 하나님의 은혜를 입은 자신과 같은 그리스도의 형제들과 더불어 진실한 마음으로 서로 용서와 사랑으로 대하는 것은 당연한 것입니다.

그렇기 때문에 죄인과 세리같이 여길 만한 아무런 이유도 없는 우리의 형제들에게 혹시라도 10,000달란트 빚을 탕감 받은 악한 종과 같이 용서하지 아니할 때면 말씀과 같이 "너희가 각각 '중심'으로 '형제를 용서'하지 아니하면 내 천부께서도 이와 같이(10,000달란트 빚을 탕감 받았던 악한 종과 같이 처벌) 하시리라." 말씀하셨다는 것도 우리는 알아야 하는 것입니다.

하나님께서 위에 구절로 하신 말씀을 '현대인의 성경'으로 해석한 것을 읽어 보고 많은 깨달음이 있기를 바랍니다.

"너희가 진심으로 '형제를 용서'하지 않으면 하늘에 계신 내 아버지

께서도 너희에게 '그와 같이' 하실 것이다."(마18:35)

그렇기 때문에 마태복음 18장 18절의 말씀도 너희가 형제를 땅에서 진심으로 용서하지 않으면 하늘에 계신 아버지께서도 우리를 용서하지 않으실 것이며 진심으로 형제를 용서한다면 하늘에서도 진실로 우리를 용서하신다는 말씀으로 알아야 하는 것입니다.

이와 같이 우리의 죄 용서함도 땅에서 형제의 죄를 용서하지 아니하고 매면 하늘에서도 우리의 죄가 용서되지 아니하고 매여 있을 것이며 우리가 땅에서 형제의 죄를 용서함으로 풀면 하늘에서도 우리의 죄를 용서함으로써 풀리게 된다는 말씀인 것입니다. 이와 같은 말씀은 곧 예수님께서 아래와 같이 가르치신 말씀과 같은 것입니다.

"너희가 남의 잘못을 용서하면 하늘에 계신 아버지께서도 너희를 용서하실 것이다. 그러나 너희가 남의 잘못을 용서하지 않으면 아버지께서도 너희의 잘못을 용서하시지 않으실 것이다."(마6:14,15; 공동번역)

이와 같이 우리가 다 부르심을 받았지만 우리 속에는 우리 안에 속하지 않은 변화를 받지 못한 형제들이 있는 것입니다. 그렇기 때문에 그들은 자신에게 지은 형제의 죄를 용서하지 못하는 것입니다. 그러한 사람들의 죄를 하나님께서는 그들이 행한 대로 갚으실 것(용서하시지 않으실 것)이라는 말씀인 것입니다.

그러나 우리는 다른 것입니다. 우리가 형제를 용서해야 하는 것은 탕자가 하늘과 아버지께 범한 죄를 그의 아버지께서 용서하심(눅15:21~24)과 같이 우리도 하늘과 아버지이신 하늘의 계신 하나님께 우리가 범한 죄를 우리 하나님 아버지께서 그리스도를 통해서 용서하셨기 때문인 것입니다. 그러므로 내게 빚진(죄를 범한) 형제를, "타일러서 듣는 형제"라면 언제까지나 아버지께서 우리의 죄를 용서하심과 같이 형제의 죄를 진심으로 용서해야 한다는 말씀으로 우리는 알아들어야 하는 것입니다.

왜냐하면 그것은 "내가 분명히 말하지만 너희가 이들 '내 형제' 중에 아주 보잘것없는 사람 하나에게 한 일이 바로 내게 한 일이다."(마 25:40; 현대인의 성경)라고 말씀하신 예수님의 말씀과 같이 고난 중에 있는 형제에게 한 일이 예수님에게 한 일이 된 것처럼 "너희가 '형제에게 죄를 지어 그 약한 양심을 상하게 하는 것이' 곧 **'그리스도에게 죄를 짓는 것'이니라.**"(고전8:12)고 말씀하심으로써 형제에게 죄를 짓는 것 또한 그리스도에게 죄를 짓는 행위라고 말씀하셨기 때문입니다. 왜냐하면 그것은, 그 형제가 형제 자신과 같이 그리스도와 한 몸으로서 그분의 지체이기 때문인 것입니다.

그렇기 때문에 형제에게 죄를 짓는 것은 그만큼 그리스도에게 죄를 짓는 엄중한 사건인 것입니다.

그러나 하나님께서 그리스도를 통해서 우리가 전에 하나님께 지은 죄를 용서하신 것과 같이 삶 가운데에서도 자신이 지은 죄를 인정하고 진심으로 자백하는 자들의 죄 또한 용서하시는 것(요일1:9)입니다.

이와 같이 형제가 잘못을 인정하고 양심이 살아 있어 가책을 받아 뉘우치는 그런 진정한 형제라면 하나님께서 우리의 죄를 용서하셨고 또 진심으로 자백하는 자들의 죄 또한 용서하시듯이 그러한 우리 형제의 죄를 용서하라고 하시는 말씀으로 우리는 알아야 하는 것입니다.

2) 이방인과 세리같이 여기라

또한 부류는 형제라 하면서도 형제라고 부르기에는 너무나 창피한 사람도 있다는 것입니다. 그들은 자신이 잘못을 저지르고서도 자기의 잘못을 인정하지 않는 사람들인 것입니다.

그런 사람들에게 여호와 하나님께서 모세를 통하여 "형제를 미워하는 마음을 품지 말라. 이웃의 잘못을 서슴지 말고 타일러 주어야 한다. 그래야 그 죄에 대한 책임을 벗는다."(레19:17) 그리고 예수님께서 "네 형제가 잘못을 저지르거든 꾸짖고 '뉘우치거든' 용서해 주어라."(눅17:3; 공동번역)고 말씀하신 여호와 하나님과 예수님의 말씀과 같이 그리스도의 마음으로 하나가 된 형제들과 거룩한 사람들이 모여 있는 공동체교회가 그와 같이 최선을 다하여 책선(책선; 열린 노트성경; 이웃의 죄를 지나치게 비방하지 말고 그의 죄를 같이 분담하며 권면하라는 뜻이다.)함에도 불구하고 듣지 않으며, 짓고 있는 죄에서 헤어 나오지 못하는 사람들이 있는 것입니다.

그런 사람들에 대하여 예수님께서는 제자들에게 말씀하시기를 "이방인과(현대인의 성경; 믿지 않는 사람이나) 세리와 같이(현대인의 성경; 죄인 처럼) 여기라."(마18:17) 하신 것입니다.

그리고 예수님을 믿는다고 하면서도 악한 짓을 하는 그와 같은 자들에 대하여도 사도 바울을 통해 말씀하시기를 "만일 어떤 사람이 '교인'이라고 하면서도 '음행'을 일삼거나 '탐욕'을 부리거나 '우상을 숭배'하거나 '남을 중상'하거나 '술' 취하거나 '약탈'하거나 한다면? 그런 자와는 상종하지도 말고 음식을 함께 먹지도 말라는 것입니다."(고전 5:11; 공동번역) 말씀하심과 같이 거룩한 생활을 하는 교인들과 교회가 그와 같이 악한 짓을 일삼는 자들을 판단하여 사실상 그리스도의 교회로부터 출교(고전5:6; 현대인의 성경; 적은 누룩〈고전5:7; 죄악의 묵은 누룩〉이 반죽 덩어리 전체를 부풀게 하는 것을 방지하기 위하여)를 명함으로써(고전5:13; 그런 악한 사람은 여러분 가운데서 쫓아내십시오.) 그와 같이 악한 사람들은 그리스도의 권징으로(권징; 장려할 것은 장려하고 벌할 것은 벌 한다) 징치하심을(고전11:32; 징치; 징계하여 다스리다) 보게 되는 것입니다.

3) 그와 같이 징계하심은?

그와 같이 징계하심은? 사도 바울은 하나님의 뜻을 따라 의로운 근심을 불러 일으켜서 그들이 죄를 뉘우치고 구원에 이르게 하려는 것입니다. 그것이 하나님의 뜻을 따라 겪는 근심인 것입니다. 하는 것으로서 고린도교인들에게 다음과 같이 하나님의 말씀을 선포한 것입니다.

"하나님의 뜻을 따라 겪는 상심은(딤후2:25,26; 징계를 통하여 회계할 마음을 주셔서 진리를 깨닫게 하시는 것과 마귀에게 사로잡혀 죄에 종노릇하던 그들이 제정신으로 돌아가 하나님의 뜻을 따라 살게 되는 것입니다) 회개할 마음을 일으켜 구원에 이르게 합니다. 이것을 후회할 사람이 어디 있겠습니까?"(고후7:10; 공동번역) 하는 것입니다.

이와 같은 말씀을 하심은 하나님께서 사도 바울을 통하여 그 당시와 후대와 후대인 우리에게 하나님의 뜻을 따라 겪는 바로 그 근심으로(교회 안에서 일어나고 있는 사악한 악을 깨달아 알므로 인하여 회개할 마음을 일으키는 근심으로) 말미암아 고린도교회 형제들에게 이루어진 것이 얼마나 크고 많은지 우리에게 보고 배우라는 것입니다.

왜냐하면 그것은 그와 같은 근심을 통하여 "고린도교회 성도들이 열심을 가지게 된 것과 자신에 대한 해명을(예: 딤전5:22; 남의 죄에 대한 책임을 뒤집어쓰지 말고 자신의 결백을 지키시오. 하신 말씀과 같이 그 사건의 연루되지 않음을 고백) 함으로 그 모든 일에서 자신의 깨끗함을 보여 주게 된 것과 죄로 인한 정의의 분노를 낼 줄 아는 것과(예; 민14:6; 눈의 아들 여호수아와 여분네의 아들 갈렙이 옷을 찢으며) 하나님을 두려워할 줄 알게 된 것과(예; 딤전5:20; 죄를 짓는 사람들을 모든 사람 앞에서 징계하여 다른 사람들까지도 두려운 마음을 가지게 하시오. 말씀하심과 같이) 믿음의 형제간에 서로 그리워하게 하는 마음이 생긴 것과 서로 헌신하게 하는 마음을 일으킨 것과 죄 지은 사람을 징벌할 줄 알게 된 것들(고전5:11-13; 교회 안에 징벌할 대상들을〈그런 악한 사람들은 여러분 가운데서 쫓아내십시오〉 출교)입니다."(고후7:11; 개역, 현대인의 성경, 공동번역)

4) 거룩하신 분의 자녀답게 거룩한 생활을

그러므로 이제부터는 우리가 하나님의 거룩한 자녀들로서 그리고 **"우리의 유월절 양이신 그리스도께서 희생의 제물이 되셨음으로 사실 여러분은 누룩 없는 사람들입니다."**(고전5:7; 현대인의 성경) 하심같이 우리가 순전함과 누룩 없는 떡들로서 이제부터라도 "우리의 몸과 심령을 조금도 더럽히지 말고 깨끗하게 지켜서 하나님을 두려워하는 생활을 하며 완전히 거룩한 사람이 됩시다."(고후7:1; 공동번역) 하신 말씀처럼 그와 같이 거룩한 사람들이 모이는 교회가 되어야 하는 것입니다.

그렇지 않고서야, 형제가, 그리고 많은 형제들이 모여 있는 교회가, "어떻게 교회 안에 있는 그러한 악한 죄인"을 징벌할 수가 있겠습니까?

그러므로 우리는 지금부터라도 그리스도인으로서 그리스도인답게 우리에게 주신 말씀을 따라 형제들 모두가 거룩한 생활을 해야 하는 것입니다. 그래야만이 하나님의 자녀로서 하나님의 자녀답게 성령님의 지도하심을 따라 사도 바울로 말씀하심과 같이 "여러분은 하나님이 택하신 사랑받는 거룩한 사람들로서 불쌍히 여기는 마음과 친절과 겸손과 부드러움과 인내로 서로 참으며 무슨 언짢은 일이 있더라도 서로 용서하고 이 모든 것 위에 사랑을 더하여 그 사랑의 띠로 그 모든 것을 완전히 하나로 묶는 일을 해야 합니다.

그것이 그리스도의 평안(공동번역; 그리스도의 평화)이요, 이 '평안을 위해' 여러분은 **'한 몸으로 부르심을 받은 것'**입니다.

그러므로 여러분은 감사하는 사람이 되십시오.

또한 그리스도의 말씀이 여러분 가운데 풍성하게 하여 모든 지혜로 서로 가르치고 권면하며 시와 찬미와 영적인 노래를 부르며 감사하는 마음으로 하나님을 찬양해야 합니다.

그리고 무엇을 하든지 말과 행동에 주 예수님의 이름으로 하고 그분을 통해 하나님 아버지께 감사하는 사람이 되는 것입니다."(골3:12-17; 현대인의 성경) 이와 같이 실천함으로 거룩하신 분의 자녀답게 거룩한 생활을 하는 사람으로 세상에 비추어져야 하는 것입니다.

그러므로 이제부터는 그리스도의 형제들로서 그리스도의 사랑으로 우리나라 사람들이 자주 쓰는 인사말로서 "안녕하세요?" "별일 없으시죠?" "식사하셨습니까?" "어떻게 지내세요?" 하고 서로 인사하며 안부를 묻는 것처럼 우리 형제들도 서로 관심을 가지고 건전한 마음으로 서로 인사를 나누며 안부를 물으므로 "형제의 어려운 사정"을 알아 그런 **형제를 서로 돕는 아름다운 그리스도의 문화**가 지구촌 우리 모든 그리스도 형제들이 모인 교회 안에 정착되었으면 하는 마음 간절합니다.

5) 우리 주 예수 그리스도의 모든 형제들에게
   부탁드리고 싶은 것은

끝으로 꼭, 한 가지 엮은이는 우리 주 예수 그리스도의 모든 형제들에게 부탁드리고 싶은 것이 있습니다.

그것은 하나님과 주 예수 그리스도를 알게 하는 지혜와 지식 있는 우리 주님의 아름다운 책들을 잘 구입하여 형제들이 항상 옆에 두고 많이 읽어 줄 것을 바라는 것입니다.

왜냐하면 그러한 책을 많이 읽음으로 인하여 그 책을 통하여 예수 그리스도에 대한 참된 지혜와 지식을 쌓게 됨으로써 "그리스도께서 가지신 하나님의 능력으로 경건한 생활을 하는 데 필요한 모든 것을 우리에게 주신 것을 알게 되기 때문입니다. 그러므로 우리를 부르셔서 그리스도의 영광과 능력을 누리게 하신 하나님을 참으로 알게 됨으로써 우리는 그분의 영광과 능력을 힘입어 귀중하고 가장 훌륭한 약속을 받았다는 것을 알게 되기 때문입니다. 이와 같이 여러분은 보배롭고 지극히 큰 약속을 받은 덕분으로 말미암아 '정욕에서 나오는 이 세상의 부패'에서 멀리 떠나 **하나님의 본성을 나누어 받게 되었다는 것**'도 그러한 책을 통하여 알게 되는 것이기 때문"(벧후1:2-4; 공동, 현대, 개역)입니다.

그러므로 형제들은 주님의 그러한 책들을 통해 그리스도의 관한 한, 참 지혜와 지식을 쌓을 수만 있다면 쌓을 수 있는 대로 최대한 많이 습득하여 자신의 것이 되게 하십시오.

그것은 미혹의(미혹; 정신이 헷갈려서 갈팡질팡 헤매게 함) 영으로부터 **"형제와 그리스도의 가족을 지키는 강력한 영적 무기"**가 되기 때문입니다. 그리하여 악과 싸워 승리하기를 기도하며 그리고 언젠가 형제들과 책이든지, 대면이든지, 만남을 기대하며 그리스도 안에서 형제들을 주님의 사랑으로 문안합니다. 형제들도 그리스도의 사랑으로 형제들을 서로 문안하기를 바랍니다.

그리스도의 평안이 그리스도 안에 있는 모든 형제들과 함께하기를 우리 주 예수 그리스도 이름으로 기도합니다. 아멘.